W0219565

Crazy Life

À l'amour, à la haine

Lova Moor

Crazy Life

À l'amour, à la haine

Flammarion

© Éditions Flammarion, 2003.
ISBN : 2-08-068429-9

Je dédie ce livre à Alain Bernardin, mon époux, créateur du Crazy Horse Saloon et à Alain Delon, un prince.

Nul mortel ne traverse la vie sans en payer le prix.

Eschyle

Préambule

Alain Bernardin s'est suicidé le 15 septembre 1994. Il était mon mari, mon mentor, un nabab généreux, l'homme que j'aimais le plus au monde.

Avec lui s'est effondré l'univers qu'il avait bâti pour moi, un monde de luxe et de tendresse.

Le Crazy Horse Saloon, cabaret dont j'avais été la reine pendant tant d'années, a été très convoité. La succession a ainsi donné lieu à des affrontements auxquels je ne m'attendais pas. J'ai supporté tant que j'ai pu, puis j'ai jeté l'éponge, harassée, blessée, meurtrie et choquée par ce qui se passait. M'étant toujours efforcée de porter des lunettes roses, rien ne m'avait préparée à ces épreuves. La souffrance a même été telle qu'un jour j'ai décidé de tout oublier. Perdre la mémoire se révélait à mes yeux le seul moyen de renaître et de reconstruire ma vie.

Et puis ce livre est arrivé. Comme une envie de tout révéler, comme le besoin de dévoiler la réalité, de trier le bon grain de l'ivraie, les vrais amis des faux frères. Comme la nécessité impérieuse de montrer à ceux qui croient me connaître que je ne suis pas forcément celle qu'ils pensent, comme le désir de dévoiler tant de secrets que j'avais jusqu'ici, par pudeur, affection et volonté d'en finir, préféré taire. Ces souvenirs m'ont obligée à replonger dans mon histoire. Une introspection qui m'a coûté énormément mais qui a permis que tout revienne, remonte à la surface : le beau et le laid, l'amour comme la haine.

Aujourd'hui, en mon âme et conscience, avec mon cœur et ma soif de vérité, j'ai décidé de tout dire. Sans retenue ni peur, avec émotion et passion. Préparez vos mouchoirs.

Le chagrin

Chapitre 1

Un feu de joie

C'était la fin de l'automne, il faisait doux et le brasier me réchauffait. Je relus une dernière fois le petit poème :

Tu es la fascinante.
Et la seule et l'unique.
Tu es pharaonique.

Et le jetai dans les flammes. Les photos des dernières vacances à Saint-Tropez brûlèrent en dégageant de jolies volutes bleues qui éclairèrent la nuit. Les lettres émirent des petits craquements. On aurait dit que les mots d'amour voulaient être entendus une dernière fois avant de disparaître à jamais. « Ma Coco, tu es mon ange, je t'aime. »

J'étais seule dans ce jardin d'Éden qui avait abrité mes amours avec Alain Bernardin, seule pour accomplir ce qui s'apparentait à un rituel païen.

★

Ma vie se consumait. Je devais m'extirper du chagrin. J'avais tout essayé. En vain : des mois après la mort de mon mari, j'étais incapable de retrouver le goût de vivre. En faisant une flambée de mes souvenirs, peut-être arriverais-je à perdre la mémoire, à oublier quelle vie merveilleuse avait été la mienne auprès de lui. Je jouais ma dernière carte.

Les cendres rougeoyaient encore lorsque j'ai franchi pour la dernière fois la grille. Je ne me suis pas retournée sur la propriété immense et paradisiaque où j'avais vécu une vingtaine d'années. Ma maisonnette de Louveciennes s'était agrandie et embellie au fil du temps, Alain et moi y avions coulé des jours heureux, je ne pouvais donc plus y rester seule et malheureuse. Une personne immensément riche m'avait dit :

— Cédez-moi votre maison, je n'y toucherai pas. Le temps sera suspendu. Vous reviendrez quand vous voudrez dans ce qui restera le sanctuaire des amours d'Alain Bernardin et de Lova Moor.

Je venais donc de vendre et allais partir. En laissant tout sur place, n'emportant que mon sac à main.

Et un trou béant dans mon cœur.

Chapitre 2

La Mort

Nous vivions dans cette merveilleuse maison de Louveciennes. La vie était douce et belle. Dans ma chambre de princesse, grande comme une salle de bal, de mon lit de glaces, à travers les grandes baies sur le jardin, je voyais les oiseaux, la végétation éternellement verdoyante, la piscine chauffée qui fumait dans le froid, le tennis au loin. Je songeais parfois fugitivement que ce bonheur pourrait s'arrêter, mais sans y croire vraiment.

Et pourtant, il s'est arrêté le 15 septembre 1994.

*

Ce matin-là, je me suis réveillée seule et personne ne vint frapper à ma porte alors qu'habituellement mon mari m'apportait le plateau du petit déjeuner, vers midi. Nous avions coutume de parler, lui de me raconter ce qui s'était passé la veille au Crazy Horse, moi de lui décrire ma soirée. Mais là, rien. Notre rituel venait de changer.

Par le téléphone intérieur, j'ai appelé la gouvernante à la cuisine :

— Soundarek, Monsieur n'est pas venu me réveiller. Pouvez-vous monter mon plateau ?

— Je suis allée dans la chambre de Monsieur, le lit est défait mais il n'y a personne, me répondit-elle.

Normalement Alain aurait dû rentrer vers une heure, 1 h 30 du matin, comme toujours. Moi, j'avais été raccompagnée par le chauffeur à 23 h 30, après le dîner, et, très peureuse, je m'étais enfermée à double tour dans ma chambre protégée comme un coffre-fort. Généralement du reste, je ne pouvais m'endormir avant d'avoir entendu claquer la porte du bas. Le retour d'Alain m'ayant rassurée, je trouvais le sommeil et la paix. La nuit précédente, j'avais en fait dû m'assoupir plus vite que d'ordinaire puisque je ne me souvenais pas d'avoir entendu son arrivée.

Dubitative, j'ai pensé qu'il était parti pour un voyage imprévu, des départs inopinés en Allemagne, en Italie ou en Suisse étant possibles. Comme dans la journée, il m'appelait pour me dire où il se trouvait, je ne m'inquiétai pas outre mesure. Étrangement toutefois, pas de coup de téléphone. Ce silence m'intrigua, mais sans plus. Mon mari avait fait tellement de choses bizarres depuis que je le connaissais que j'ai avalé le petit déjeuner calmement.

La gouvernante cependant a commencé à m'angoisser :

— Madame, cela ne va pas. À chaque fois que Monsieur part en voyage, il boit son thé et laisse son bol de petit déjeuner dans l'évier. Or il n'y a rien dans l'évier.

Mon inquiétude se mit à grandir. J'ai téléphoné à Alain Vidal, son beau-frère, qui travaillait avec mon mari au Crazy et faisait fonction de confident, de bras droit.

— Je suis au Crazy. Ton mari a donné des ordres pour que j'arrive à 2 heures. Il a rendez-vous avec des tas de gens, de nombreux corps de métiers. Ils sont là, mais on l'attend tous, me dit-il.

Pas rassurée, je lui demandai juste, implorante :

— S'il arrive de voyage, appelle-moi tout de suite, Alain, je suis très inquiète.

⋆

Les heures passèrent. Nous nous appelions régulièrement mais toujours pour constater le silence et l'absence de Bernardin.

— Il lui est arrivé quelque chose. Il faut défoncer la porte du bureau, Alain.

— Non, Lova, tu le connais, si on touche à son bureau, il va nous virer.

Le staff du Crazy évitait de prendre des initiatives tant il redoutait les coups de colère du boss. Alors l'attente a repris. Finalement, à bout de nerfs, j'ai rappelé et insisté pour qu'on ouvre le bureau. Épuisée par l'anxiété, priant pour que rien de grave ne soit arrivé, j'ai raccroché. Il était quand même déjà 18 heures ! Très vite la sonnerie a retenti. Et l'un des serveurs du Crazy m'a dit, la voix cassée :

— Alain Bernardin... Votre mari... Il s'est suicidé.

Un coup de tonnerre a grondé dans ma tête. J'ai poussé un hurlement bestial, un long cri désespéré. L'impensable était arrivé. Mon mari, l'être que je chérissais le plus au monde, venait de baisser le rideau, de dire adieu à la vie sans que l'on sache pourquoi, sans me dire un mot. Sous le choc, j'ai immédiatement appelé sa fille :

— Ton papa s'est suicidé ! Ton papa s'est suicidé !

Comme je poussais des cris inhumains dans l'appareil, elle a cru à une macabre farce :

— Arrêtez, c'est une mauvaise blague, répondit-elle.

— Non, il s'est suicidé, il s'est suicidé !

Je ne savais rien dire d'autre. J'en étais incapable.

*

J'ai ensuite prévenu Catum, mon inséparable amie, une ancienne danseuse du Crazy qui me suivait toujours partout, ce jour-là à la maison pour le week-end. Nous pleurions, hurlions, totalement désemparées. Vite, il fallait filer avenue George-V pour le retrouver, le voir une dernière fois, comprendre. Précipitamment, nous nous sommes ruées dans le vieux coupé Mercedes noir. J'ai annoncé l'horrible nouvelle au chauffeur et nous avons réalisé qu'il était peut-être la dernière personne à avoir vu mon mari vivant. Sonné, il s'est souvenu de ses derniers mots :

— Allez, allez, ne traînez pas ici, Noël, rentrez vite chez vous.

— Après vous avoir raccompagnées hier soir, nous expliqua-t-il, je suis retourné, comme d'habitude, attendre le patron avenue George-V. M. Bernardin est sorti vers 2 heures du matin. Mais il n'a pas voulu monter dans la voiture et m'a renvoyé chez moi. J'ai trouvé cela bizarre mais sans penser à mal.

Qui l'aurait pu ? Personne.

Il nous fallut du temps pour rejoindre le cabaret. Lorsque je suis entrée dans la salle, je me suis rendue compte que j'arrivais la dernière. Tout le monde était déjà là : la famille, les avocats, le personnel. Une fraction de seconde m'a suffi pour comprendre que les vents avaient tourné et que, désormais, tous les tourments allaient s'abattre sur moi. Le grand patron n'étant plus là pour maintenir les uns et les autres en respect, la donne changeait. Chacun allait vouloir déchirer à belles dents et à son profit tout ce qu'il avait patiemment construit.

La police faisant les premières constatations, je n'ai pas pu entrer dans son petit bureau meublé Pullman, celui où il avait reçu tant de stars, mené à terme tant d'amourettes et concocté tant de numéros pour le spectacle. Celui aussi où il venait de se donner la mort. J'ai trouvé refuge dans la pièce attenante et glissé le long du mur. Le visage caché dans mes mains, je continuais à sangloter. Seules des bribes d'informations et de renseignements traversaient le mur de ma douleur. On expliquait que le bureau n'était pas fermé, qu'on avait trouvé Alain assis sur le canapé, un fusil de chasse entre les jambes, une balle tirée en plein cœur. On ne connaissait pas l'heure exacte de sa mort, mais le suicide attristait et peinait tout le monde. Il y avait à la fois trop d'éléments et bien peu d'explications pour comprendre son geste. Les questions se bousculaient dans ma tête. Avec personne pour y répondre. Désormais je me trouvais seule et me sentais rejetée par une force étrange, comme si je n'avais pas à être concernée par la tragédie.

Sa famille, l'avocat et le personnel faisaient bloc d'un côté. Toutes les personnes présentes paraissaient se masser vers les premiers, me laissant désemparée, sans personne, sauf Catum. J'ai réalisé alors que la mort de mon mari m'excluait définitivement du clan Bernardin. J'y étais entrée par effraction, j'étais restée l'intruse et l'on pouvait enfin rejeter le corps étranger. Ma douleur, personne ne s'en préoccupait. À l'amour d'un homme succédait déjà la déchirure de ses héritiers.

★

Écroulée au pied de mon mur, je pleurais, encore et encore. Quand le directeur, Loulou Camiret, s'est approché de moi, j'ai pensé : « Enfin une âme charitable vient à mon aide. » Mais dans un bourdonnement, je l'ai entendu me dire :

— Viens, on va faire des photos pour *Gala*.

Cette idée était tellement incongrue, ma peine si immense, mon désarroi si complet que je l'ai repoussé. Maladroitement, agressivement, scandalisée qu'on veuille transformer ma solitude en douleur photogénique bonne pour le papier glacé, je lui ai lancé :

— Mais tu es dingue, tu me jettes en pâture à la presse ! C'est odieux ! Tu ne vois pas dans quel état je suis.

Alors il a répondu violemment :

— Arrête de jouer la gamine. Tu es la veuve. Ressaisis-toi. Il faut que tu sois forte, pour le Crazy !

Nous nous adorions mais nous étions en train de nous bagarrer à deux mètres du corps de mon mari. Il fallait vraiment que nous soyons en état de choc pour nous comporter aussi bêtement. Rapidement, heureusement, nous nous sommes repris.

— Lova, je vais réunir le personnel dans la salle, me dit-il. Prends ton courage à deux mains, tu dois lui parler. Tu dois dire que tu vas t'occuper du Crazy et que moi je continuerai à le diriger.

Son discours était juste, mais j'étais détruite, en vrac. Je hoquetais, bredouillais des sanglots, me montrais bien incapable de faire une déclaration aussi martiale.

— Non, Loulou, je ne peux pas parler, tu vois bien.

Il a alors rassemblé tout le monde et fait une annonce solennelle :

— Rassurez-vous tous, la maison ne fermera pas. Mme veuve Bernardin va s'occuper du Crazy et moi je vais le diriger. Nous allons continuer à travailler tous ensemble. C'est ce que voulait le patron.

J'ai aussitôt senti une tension, un tourbillon de haine autour de moi. La bataille commençait.

★

La police a poursuivi ses investigations. Elle m'a remis la mallette qui se trouvait au pied de mon mari, ainsi que sa chaîne, sa montre, un petit carnet dans lequel j'ai trouvé ma photo. Il n'y avait hélas aucune lettre, pas le moindre mot d'explication. Je ne pouvais le croire. Alain était un maniaque du petit billet ; chaque jour j'avais des messages, pour des choses insignifiantes, des poèmes, des billets doux, et là, pour son grand départ, il ne m'écrivait même pas un « Adieu » ! C'était inconcevable. Rapidement, je me suis dit que comme j'étais arrivée après tout le monde, certains avaient peut-être eu le temps de « faire le ménage ». Des rumeurs ont d'ailleurs fait état, plus tard, d'une lettre gisant près de sa dépouille. Si elle a existé, qu'est-elle devenue ? Je ne le saurai jamais.

Comme la procédure l'exige, tout le monde a été entendu par les enquêteurs. Personnellement, j'ai été interrogée séparément de la famille.

— Qu'avez-vous fait à ces gens ? Ils vous haïssent à un point..., s'est étonné le policier qui a pris ma déposition.

Preuve que je ne me leurrais pas, la vindicte était palpable, perceptible même par un étranger.

— On voudrait me rendre coupable de sa mort, mais je n'y suis pour rien.

— Évidemment, madame, puisque c'est un suicide.

J'étais tellement assommée et incrédule que j'ai demandé :

— Vous ne pensez pas qu'il ait pu subir un chantage ? Il n'a jamais parlé de suicide. Cela ne lui correspond pas, c'était un battant. Je ne comprends pas.

— Non il n'a pas été forcé, il s'est bien suicidé.

Le rapport d'autopsie du médecin légiste le confirma plus tard. Il n'y avait aucun doute possible.

★

L'enquête policière a en effet montré que le 30 août, à la fin d'un été de déprime absolue, Alain Bernardin était allé acheter un fusil, lui qui avait les armes en horreur.

Prétextant que l'arme m'était destinée, il s'en était fait expliquer le fonctionnement par le vendeur en notant tout sur une fiche. Dix jours plus tard, il était retourné dans le magasin pour se faire redonner des explications et avait pris de nouvelles notes. Les enquêteurs trouvèrent ces deux notices à côté de son cadavre.

Mais pas un seul mot capable de déchirer le silence de sa peine.

Chapitre 3

Pourquoi ?

Il s'était suicidé.

Quatorze soirs de suite, peut-être, il avait chargé le fusil, s'était mis en joue, puis y avait renoncé.

Quatorze fois il avait trouvé la force de poursuivre la lutte. Jusqu'au jour où il lui était devenu impossible de résister...

Comment, de mon côté, n'avais-je rien remarqué ?

⋆

La veille nous avions dîné chez Francis, place de l'Alma, avec Catum, Alain ayant insisté pour qu'elle vienne, adorant mon amie qui savait le détendre. S'il était arrivé légèrement en retard, fait exceptionnel, il portait une superbe chemise blanche au lieu d'une de ses habituelles noires et avait endossé sa plus belle veste. Catum l'avait d'ailleurs chambré :

— Alain, tu as un rendez-vous galant, n'est-ce pas, tu es si élégant ce soir...

Il avait souri, bu et mangé avec appétit alors que, les derniers temps, terriblement maigre, il s'alimentait comme un oiseau. Il avait regardé sans cesse sa montre, comme hanté par une idée fixe. À certains moments, le regard égaré, il était resté muet et n'entendait pas notre babillage. On le sentait absent, ailleurs déjà...

Puis nous nous étions séparés, lui pour retourner au Crazy, nous pour rentrer à Louveciennes. Avant mon départ, il m'avait prise dans ses bras, s'était serré contre mon corps, et avait posé sa tête sur mon épaule, interminablement. Sans dire un mot. Il avait ensuite rejoint l'entrée des artistes d'où il m'avait saluée une dernière fois en agitant sa main décharnée au-dessus de sa tête. Ce fut la dernière image qu'il m'a laissée.

*

Depuis trois semaines il ne me quittait plus que de cette manière douloureuse. Une attitude qui me tourmentait. Je pensais que j'étais malade, que j'allais mourir foudroyée et qu'il le savait. J'avais peur pour moi. Certes, rétrospectivement je me juge égoïste d'avoir craint pour ma petite personne, alors que c'était lui qui allait tirer sa révérence, mais il avait toujours été si fort, si puissant, il était mon roc depuis tellement longtemps que jamais je n'ai pensé que c'était lui qui me quitterait... Pourtant tous les signes avant-coureurs étaient là. Je les ai vus sans y croire, sans les décoder. C'est hélas seulement après, quand il est trop tard, que l'on se dit : si j'avais su...

Nous n'étions pas partis en vacances parce qu'il était trop las. Nous avions passé l'été à la maison, allongés dans notre merveilleux jardin, et je l'avais entendu répéter :

— Je n'ai plus envie, Coco, plus envie.

Plus envie de la vie, cela devenait évident... maintenant.

Je voyais bien qu'il était accablé, je le portais à bout de bras, j'essayais de lui insuffler de l'énergie, mais rien n'y faisait. « Allons chiner aux Puces, il n'y a pas trop de monde en ce moment », suggérais-je sans trop y croire, ou « Il ne fait pas trop chaud, faisons un tennis ». Ou encore : « Il fait beau, partons pour une balade à vélo », mais lui ne trouvait plus aucun goût, aucune saveur à ce qu'il avait toujours adoré.

Je gardais cependant espoir, croyant sincèrement qu'il retrouverait sa combativité. Il me paraissait en effet impossible que cet homme autoritaire, ce guerrier, sombre dans un tel état de délabrement. D'autant qu'il avait accepté de consulter un psychiatre, lequel lui avait prescrit des antidépresseurs. Hélas, rien n'y fit.

★

Depuis, j'ai beaucoup réfléchi à cette tragédie. Et je pense que sa dépression remontait à plusieurs années. Pour en trouver l'origine, il faut probablement revenir cinq ans en arrière.

Fin 1988, le Crazy avait fermé durant deux mois et demi pour travaux. Pour la dernière, nous avions sabré le champagne. En maillots pailletés et casques de chantier sur la tête, les danseuses de l'époque, Rita Xenon, Vanity Obelisk, Lena Peccadillo, Vodka Samovar et Lili Paramount avaient donné les premiers coups de pioche. C'était une grande fête : l'avenir s'annonçait radieux. De plus en plus de touristes visitaient Paris et ses deux monuments historiques préférés : l'incontournable tour Eiffel et l'indispensable Crazy. Il fallait donc nous agrandir.

La capacité de la salle allait être portée à 400 places au lieu de 240 ; 40 poteaux de soutènement avaient été détruits ; la scène de 10 m^2 serait agrandie à 32 m^2 et dotée de la dernière technologie ; l'ensemble du cabaret passerait de 800 m^2 à 2 400 m^2, répartis sur trois niveaux de sous-sols creusés sous le 12, de l'avenue George-V, bref une vraie et belle refonte. Le tout sans ébranler l'immeuble de 7 étages au-dessus de la salle. Montant de la facture : la modique somme de 80 millions de francs, les deux tiers provenant du bas de laine du Crazy, le reste des banques.

Si un an après la réouverture, le 15 mars 1989, 250 000 entrées avaient été enregistrées, si la nouvelle revue baptisée « Porte-jarretelles blues » rencontrait un véritable succès, si le chiffre d'affaires de 90 millions de francs était prometteur et en hausse de 35 %, les amortissements des emprunts (500 000 francs mensuels) allaient amputer les futurs bénéfices pendant les prochaines années. Alain, qui le savait, surveillait attentivement les soixante postes de dépenses de la maison afin d'éviter tout dérapage. Néanmoins, il était confiant en l'avenir, le Crazy ayant toujours connu le succès.

Hélas, fin 1990, la guerre du Golfe avait éclaté. Le public se mit à fuir les lieux publics et se rua dans les supermarchés pour engranger des provisions de farine, d'huile, de sucre. La peur des attentats, qui avait sévi dans les années 80, était revenue. Les restaurants furent désertés, les salles de spectacles tragiquement vides. La crise économique aidant, les Américains cessèrent de voyager et le Crazy perdit à la fois sa plus belle clientèle et ses beaux billets verts. Résultat, des recettes en chute libre et un trou qu'Alain a comblé avec ses fonds propres. Refusant de mettre au chômage le personnel, il a gardé le cabaret ouvert.

Pour l'aider à sortir du marasme, il aurait pu faire appel à des gestionnaires mais il n'a voulu l'aide de personne. Seul maître à bord pendant quarante-cinq ans, comment aurait-il pu tolérer d'autres que lui aux commandes ? Un jour, malheureusement, le cabaret n'a plus été capable de faire face à ses échéances et les banques ont commencé à faire pression, puis se sont montrées intransigeantes. Lorsqu'elles l'ont « bousculé », Alain a perdu pied. Sa déprime s'est installée lentement.

★

Nous nous trouvions dans le jardin. Mon mari était prostré. Je le regardais et lui parlais doucement :

— Nous avons eu une existence extraordinaire, nous en avons bien profité. Quelle importance s'il faut réduire notre train de vie. Nous sommes heureux tous les deux, c'est la seule chose qui compte. Toi et moi sommes forts, rien ne peut nous abattre. De toute façon, cette crise va se terminer et tout redeviendra comme avant.

Mais lui n'en démordait pas :

— Lorsqu'on perd le pouvoir de l'argent, la vie ne vaut plus d'être vécue, ruminait-il.

Il avait peur non pour lui mais pour moi. Il craignait que je finisse sous les ponts, me suivait partout en n'aspirant à rien d'autre qu'à ma tendresse. Je lui donnais tout mon amour, toute ma douceur, mais cela ne suffisait pas à le rasséréner. Il était même parfois si inhibé par ses angoisses qu'il redoutait d'entrer au Crazy de peur de ne plus y trouver de spectateurs.

Il m'invitait aussi souvent à le suivre au cabaret, disant :

— Coco, accompagne-moi, je vais te présenter les nouvelles danseuses, le staff. Il faut que tu connaisses tout le monde.

Mais, ayant travaillé dans l'ancienne salle jusqu'à sa rénovation, je repoussais toujours le moment d'y retourner. Étant très prise par mes émissions de télévision et mes spectacles en province, j'avais peu de temps à consacrer au Crazy, ne réalisant pas qu'il savait déjà qu'il allait en finir avec la vie et voulait me passer la main. Je regrette de n'avoir pas su le comprendre.

Car tout aurait pu être différent.

Chapitre 4

L'enterrement

Mais à quoi sert-il de se poser toutes ces questions ? Mon mari, mon amour avait salué la vie d'un pied de nez tragique et celle-ci continuait pour les survivants.

J'étais perdue mais je devais prendre des décisions, et d'abord pour les funérailles. Je voulais qu'elles soient grandioses, dignes du prince qu'était Alain Bernardin. Annie et Guy Braslave, costumiers du Crazy et des amis de longue date qui le resteront pour toujours, m'aidèrent à lui rendre ce grand hommage. Ensemble nous avons décidé des vêtements qu'il allait porter pour son dernier voyage. Pour le reste, je devais agir en concertation avec la famille. Ce qui ne fut pas simple.

★

D'abord, nous avons eu un différend sur le cercueil. Celui choisi ne me parut pas digne de mon mari. La pierre tombale créa aussi un litige. Ils optèrent pour un ensemble très ordinaire, lourd, devenu au fil des mois tout noir. Or je savais qu'Alain aurait préféré une simple dalle. Avec l'aide de mon avocat, j'ai dû me battre plus tard pour que mon époux ait une tombe conforme à ses vœux d'esthète.

Désormais, il repose dans un bel endroit et n'est plus écrasé sous la lourde pierre qui l'enfonçait encore plus profondément sous terre. Heureusement, si je puis dire, Alain avait repéré le cimetière où il voulait reposer depuis longtemps. Sept ans auparavant, nous avions en effet visité tous ceux de la région et avions élu un terrain à l'américaine, tout en gazon, où les croix et les plaques sont simplement posées sur le sol, un cimetière situé sous l'aqueduc de Louveciennes que l'on doit à Louis XIV.

« Je prends plusieurs places pour les amis ; on pourra taper le carton en buvant le thé », riait-il alors. J'espère seulement qu'il s'amuse là où il est...

★

J'aurais voulu aussi organiser des obsèques de saltimbanques, avec les danseuses, le personnel, choisir la couleur des fleurs, mais rien ne fut possible. Les enfants et petits-enfants d'Alain y étaient opposés. Excédé par nos antagonismes, le prêtre menaça :

— Puisque vous ne songez qu'à régler vos comptes et à vous déchirer, je ne dirai pas la messe.

La diatribe du saint homme fut comme un électrochoc. Je me suis enfuie. Très affaiblie par le chagrin, par ces discussions sordides à deux pas de la dépouille de mon mari, je suis tombée dans les escaliers de la cure. L'un des fils d'Alain, le seul de la fratrie qui ait toujours éprouvé un peu de tendresse pour moi, est venu me ramasser au bas des marches et m'a ramenée dans la pièce. Toute l'assemblée semblait tellement gênée que, finalement, la situation s'est débloquée et que nous avons trouvé un terrain d'entente.

Après le départ des belligérants, je me suis retrouvée seule près du cercueil. Sonnée, à moitié folle, j'ai saisi mon mari par la chemise jusqu'à l'extraire du catafalque.

— Debout ! Lève-toi, sors de là !, lui intimai-je.

Je ne supportais pas de le voir allongé là, lui qui avait été aussi puissant. Je refusais d'admettre sa mort. Je lui ai parlé, parlé, je lui ai raconté mes malheurs depuis son départ :

— Pourquoi m'as-tu quittée ? gémissai-je. Reviens. Tout va mal sans toi, je suis perdue. Reviens, nous allons gagner.

Vaine supplique... J'ai placé la photo de ses trois enfants sur sa poitrine et suis partie. Sans lui.

★

La cérémonie eut lieu à Saint-Roch, l'église des artistes. Alain reçut l'enterrement de star qu'il méritait. Toute la presse, toutes les télés vinrent. De nombreux amis célèbres l'ont salué une dernière fois : Line Renaud et Alain Delon, Just Jaeckin, Johnny Hallyday, François Patrice, Michou, Jean-Michel et Jackie Clerico, représentants de la grande famille du Lido. Les girls du Cabaret occupaient à elles seules deux rangs de prie-dieu.

De mon côté, j'étais entourée de la famille et, de temps en temps, je posais ma tête sur l'épaule d'un des fils qui m'a pris le bras et doucement consolée. Son épouse aussi, qui m'a embrassée dans la sacristie. Les caméras filmaient le tableau idyllique : tous unis dans le chagrin. En fait, je me sentais abandonnée et terriblement seule, ne comprenant pas pourquoi on m'en voulait tant.

Dieu ! que la haine était palpable. Et c'est là, dans la froideur de cette église, que j'ai réalisé que j'allais devoir apprendre à vivre avec elle.

Maigre consolation, dans la sacristie Johnny Hallyday m'a embrassée et murmuré à l'oreille :

— Si tu as besoin de quoi que ce soit tu m'appelles.

Avoir un tel ami réchauffe le cœur quand on a

perdu l'homme qu'on aime. Je l'ai adoré pour cette attention. Mais maintenant, quand je rencontre le beau Johnny dans les cocktails, il n'a plus une telle chaleur. Un message personnel, s'il lit ces lignes : Johnny tu es un magnifique artiste, j'admire ton travail, n'oublie pas le passé.

★

Avant de conduire Alain au cimetière, j'ai voulu qu'il effectue une dernière fois sa promenade préférée. Je suis montée dans le corbillard et nous sommes partis à la maison chercher le chat Tapioca, l'amour d'Alain. J'ai posé l'animal sur le cercueil et nous avons traversé Louveciennes en empruntant le parcours que mon mari suivait chaque jour à vélo, sa bête sur l'épaule. Puis j'ai ramené Tapioca à la maison. Le rituel avait été accompli.

Évidemment, nous sommes arrivés les derniers au cimetière. On m'a prise pour une folle lorsque je me suis placée avec les hommes qui soutenaient le cercueil, mais j'ai voulu porter la dépouille de l'homme de ma vie en terre, l'accompagner jusqu'au dernier moment. Au bord de la tombe, j'ai même aidé le cercueil à descendre dans le trou. Cela a choqué, mais qu'importe. J'avais trop été passive à l'enterrement de mon père pour me comporter de la même manière avec mon mari. À l'époque, je n'avais que quatorze ans et, trop jeune pour oser prendre une initiative, trop timorée pour pleurer, trop choquée pour comprendre, je n'avais pas bougé et, de fait, m'étais trouvée incapable de faire mon deuil. Pour Alain, mon second père, j'ai choisi d'aller jusqu'au bout de ma peine.

*

Après l'enterrement, toutes les nuits je me suis mise à cauchemarder. Le visage de mon mari sortait de la tombe et venait me parler :

— Sauve-moi, protège-moi, défends-moi. On m'a eu, Lova. On m'a eu.

Des propos qui m'ont tellement hantée que, longtemps, je me suis posé les mêmes questions : était-il tombé dans un traquenard ? Pourquoi dépensait-il autant d'argent dans les derniers temps ? Qui étaient ces filles bizarres qu'il fréquentait ? Était-il soumis à un chantage ? J'aurais aimé que l'on entame une enquête, mais en même temps j'avais peur que l'on découvre quelque chose qui me fasse de la peine. Aussi mes amis m'ont-ils conseillé d'abandonner :

— Il a vécu, il est mort, tourne la page.

Mais comment y parvenir avec tant de haine autour de moi ?

Chapitre 5

Le Testament

Le vendredi 23 septembre 1994, moins d'une semaine après les obsèques, nous avons été réunis par le notaire pour l'ouverture du testament. Les trois enfants Bernardin, moi sa veuve, l'avocat testamentaire et mes deux conseils, nous sommes salués mécaniquement. Personnellement, j'étais encore totalement hébétée.

Sur ce testament datant de 1992, Alain m'avait griffonné au bas de la première page un petit mot d'adieu : « Si je casse ma pipe... Amitiés à nous deux. » Je l'ai dit : il truffait tout de petits messages. Ce fut le seul clin d'œil souriant de cette journée.

Après la lecture, nous nous sommes séparés en silence. À l'issue de la réunion, un communiqué a été publié expliquant que le Crazy était désormais confié à un comité dirigé par les trois enfants du fondateur, lesquels travailleraient avec les anciens collaborateurs de leur père qui avait laissé un organigramme précis pour le fonctionnement de la maison après sa disparition. Louis Camiret, directeur depuis trente ans, gardait ses fonctions. Sophia Balma, ex-danseuse dans les années 70 sous le pseudonyme de Sophia Palladium, se voyait attribuer le choix des danseuses et la chorégraphie.

Ce qui ne fut pas publié dans la presse à l'époque, mais que le testament stipulait, c'est que le Crazy devait être vendu un an après le décès d'Alain Bernardin. Or, chose curieuse, en 2003, soit huit ans plus tard, il fonctionne toujours... Le même document établissait aussi que les enfants de mon mari dirigeraient le Crazy, avec l'avocat, mais sans pouvoir y mettre les pieds. Quant à moi, mon rôle se limitait à celui de cohéritière du Crazy, à parts égales avec chacun des trois enfants. Et nulle part je n'apparaissais à la direction, comme l'avait annoncé Louis Camiret le soir de sa mort.

*

Lorsque nous avons procédé à l'ouverture du bureau d'Alain, le refuge où lui seul pouvait entrer, ses enfants auraient dû être là, avec les notaires et les avocats, mais il en manquait deux. Quand nous attendions dans le couloir que tout le monde arrive, j'ai vu au mur, derrière moi, une photo d'Alain. Et, au moment où la clé a été mise dans la serrure un souffle m'a déplacée. J'ai hurlé, tout le monde a crié... Je savais que son âme m'accompagnait.

Dans le bureau, nous avons trouvé sur le sol des sous-vêtements masculins et trois verres d'orangeade sur la table, témoins des derniers instants de mon mari, qui soulevaient nombre de questions : pourquoi trois verres ? Qui avait bu avec lui ? J'aurais aimé le savoir, mais cela ne semblait intriguer que moi.

⋆

Quand je suis allée au coffre, il était ouvert et vide. Mon mari me le disait souvent : « S'il m'arrive quelque chose, mes dernières volontés sont dans ce coffre. » Méfiante, j'y avais placé aussi une enveloppe contenant l'un de mes bijoux, manière de vérifier de temps en temps que le coffre restait inviolé. Or, cette fois, argent, documents et dernières volontés, tout semblait s'être volatilisé. Mon enveloppe aussi. Pourquoi n'avait-on pas placé des scellés ? Qui avait osé trahir mon mari ?

Nous avons aussi trouvé une valise qui contenait des enveloppes pleines d'argent destinées à tout le personnel, serveurs, danseuses, habilleuses, etc. Sauf pour Catum, la petite Yéménite avec qui je m'entendais si bien et dont l'amitié datait de l'époque où nous étions dans le même spectacle.

Entre nos numéros, nous allions en effet nous allonger sur des matelas au sol et, roulées dans nos peignoirs, papotions. Inlassablement elle me racontait sa vie, très romanesque. Alain l'aimait autant que moi, mais jouait à la taquiner, faisait semblant de lui donner des coups de santiags. Effrayée, elle se réfugiait dans mes bras et je la protégeais. Elle venait aussi jouer avec nous tous les week-ends au tennis. Le soir précédant son suicide, Alain m'avait lui-même demandé de l'inviter à dîner. Nous étions donc les deux dernières personnes avec qui il ait mangé avant de se donner la mort. Si bien que j'ai eu du mal à croire qu'il n'ait rien laissé pour elle. S'était-il passé quelque chose d'inhabituel ?

Moi non plus je n'ai pas eu d'enveloppe. Je sais bien que j'héritais d'un quart du Crazy mais qu'il n'ait pas pensé à une somme en liquide ne me paraissait pas crédible. J'ai dû pourtant admettre que j'avais été oubliée...

Non seulement je n'avais pas d'argent, mais je me retrouvais sans travail puisque, contrairement à ce qu'avait imaginé Louis Camiret, il n'était consigné nulle part que je devais prendre la direction du Crazy ni que j'avais le moindre rôle à y jouer. Donc adieu le cachet de directrice artistique. À mon avis, mon mari avait dû laisser un autre testament que celui trouvé chez le notaire. Avec un peu de chance, il y en aurait un à Louveciennes. Je suis donc rentrée chez moi et j'ai tout fouillé, tout remué. Par bonheur, j'ai déniché une lettre manuscrite d'Alain qui m'intronisait responsable artistique du Crazy. J'ai alors appelé le notaire, qui a prévenu les enfants.

⋆

Ce codicille a créé un certain trouble au cabaret où, visiblement, on n'avait pas besoin de moi dans l'organigramme. Le « comité de direction » a néanmoins entériné mon rôle de « conseillère artistique et de la promotion ». J'étais contente qu'on reconnaisse et accomplisse les dernières volontés d'Alain et qu'on me fasse une petite place. Surnommée « l'œil de Moscou » depuis mon mariage, j'avais pris soin de me faire discrète avenue George-V tout en étant la muse d'Alain et en ayant beaucoup d'influence sur lui, mais là je devais tenir mon rang.

J'ai donc mis les bouchées doubles et me suis investie dans cette fonction. Installée deux jours par semaine au Crazy, j'ai fait de grands projets pour assurer sa promotion : enregistrement d'un disque dans deux mois, tournée en province, plateaux télévisés. Bref je prenais très à cœur mes activités d'« ambassadrice », mot qui me ravissait.

On s'en doute, j'étais « encouragée » par les enfants Bernardin. « Tu n'es plus une enfant, Lova, affirme-toi », rabâchait l'un. « Si tu veux continuer à jouer au bébé, dis-le. Je t'achète un landau et je t'installe chez moi ! » m'assénait un autre, tous me renvoyant l'image infantile que je donnais, sans s'arrêter au fait qu'il ne s'agissait pas d'une réalité mais de ma carte de visite professionnelle. Or ils me connaissaient intimement depuis longtemps et savaient pertinemment qu'une vraie personne se dissimulait derrière la poupée. J'ai donc été traitée en gamine qui n'a pas à demander de comptes, souffrant de ce mépris mais pensant qu'avec le temps ils parviendraient à me prendre au sérieux.

Hypocrisie et faux-semblants ont cependant implosé trois mois plus tard lorsque TF1 a voulu rendre hommage, le soir du 31 décembre, à Alain Bernardin. Ses enfants ont accepté l'émission, mais ma participation n'était pas jugée utile. Si je n'avais pas été prévenue par la chaîne, où je comptais de nombreux amis, je n'aurais même pas été citée à l'antenne.

Comment imaginer cela ? Comment concevoir que la veuve d'Alain, qui avait travaillé toutes ces années pour le Crazy, la seule danseuse à s'être fait un nom, soit niée de la sorte ? C'était comme si l'on gommait mon existence. En toute logique, je l'ai très mal pris et j'ai fait intervenir mes avocats pour, qu'au moins, mon nom apparaisse au générique.

Cet accroc a mis fin à notre collaboration. Qui n'en a jamais été vraiment une. À eux trois, les enfants d'Alain étaient majoritaires. Pour résumer, ils sont parvenus à me décourager et à me décider à partir.

★

On peut même dire à me bannir du Crazy. Comme si j'étais une sorcière à brûler, les posters qui me représentaient et mes photos d'artiste furent arrachés des murs du cabaret. Tous les tableaux où j'avais posé pour des peintres de renom furent jetés dans ma voiture.

Des sanglots dans la voix, M. Noël, mon chauffeur, disait :

— C'est affreux de vous chasser ainsi, Madame Bernardin.

— Pour eux, je suis le diable, Noël.

Dans son testament, Alain m'avait demandé de continuer à employer M. Noël pendant un an. Il fut mon compagnon de tristesse et a vu ce que j'ai subi. Il a été très amical et je le remercie encore d'avoir été présent dans ces durs moments.

Si avec les Bernardin les hostilités étaient terminées, la guerre, elle, était déclarée.

Chapitre 6

La Guerre

Durant les trois mois qui ont suivi le décès d'Alain, je suis restée dans mon refuge de Louveciennes. Catum ne me quittait pas tandis que les copains passaient me réconforter. Denis Goise, mon attaché de presse, s'est notamment révélé un amuseur hors du commun, très précieux dans ces circonstances douloureuses. Il nous faisait d'ailleurs tellement rire que nous ne voulions jamais qu'il reparte. Comme nous crevions de peur dans cette grande maison, je lui avais même installé un matelas au pied de mon lit. Tel un bon chien de berger, il veillait sur les deux agnelles abandonnées et, auprès de lui, nous trouvions la paix. Quand, submergée par le chagrin, je reniflais au creux de mon oreiller, il allumait sa petite lampe et criait :

— Allez les filles, réveillez-vous, de qui on pourrait dire du mal ?

Et nous repartions dans le caquetage et le fou rire. De quoi oublier momentanément de pleurer.

★

Alain Delon, fidèle ami, m'appelait chaque nuit. Cela émerveillait Denis qui disait :

— C'est LA star, au téléphone. On se croirait au cinéma !

Pour qu'il en profite mieux, je mettais le haut-parleur. Fasciné par la voix d'Alain et ses jolies phrases réconfortantes, il ajoutait :

— Je suis au théâtre et Delon déclame du Racine rien que pour moi.

Mes soucis d'argent, Denis les balayait d'une boutade :

— Ne t'inquiète pas ma fille, tu mangeras !

Et il m'emmenait parfois dîner à Montmartre, chez Graziano. Un homme incroyable ce Graziano, comédien, drôle, fêtard, avec le tout-Paris qui défilait chez lui. Des musiciens mettaient l'ambiance avec un boucan d'enfer ; on faisait des bœufs avec les chanteurs de passage, Richard Berry était souvent des nôtres ainsi qu'Orlando, le frère de Dalida. On chantait, on dansait, on riait, on buvait, on mangeait tant que moi, la sylphide, j'avais fini par prendre un peu de poids.

Oui, je l'avoue, je me suis étourdie, j'ai brillé de mille feux. Mais c'était juste pour donner le change car au-dedans j'étais ravagée et éprouvais une immense solitude.

★

Alain me manquait terriblement, il faisait partie de moi, de mon corps, de ma chair. Sans lui j'étais comme amputée. Je ne me résignais pas à le laisser seul et tous les jours, à Louveciennes, je lui rendais visite. Cet impérieux besoin d'aller le retrouver m'obligeait à passer outre ma terreur, depuis la mort de mon père, de la mort, des cadavres, des cimetières. Telle un zombie, je m'asseyais sur la dalle et m'adressais à lui avec véhémence :

— Pourquoi ne m'as-tu pas fait confiance ? Tu aurais dû me parler de tes souffrances. J'aurais trouvé les mots pour t'aider et tu serais encore sur terre.

Je lui rappelais que j'avais été son alliée en toutes circonstances et l'amour qui nous unissait :

— Tu ne seras jamais remplacé par un autre homme. Comment pourrais-je t'oublier ? C'est toi qui m'as apporté le plus de bonheur, qui m'as aimée le plus. Tu as su m'écouter, me donner de la joie. Notre amour était tellement réel...

J'étais intarissable. Puis je m'allongeais sur la pierre tombale pour me rapprocher encore plus de lui. J'avais l'impression de le respirer, de le posséder encore.

C'était un cimetière isolé, il n'y avait personne. Juste lui, moi et notre amour brutalement brisé.

★

Tapioca, le birman d'Alain, son compagnon, dépérissait lui aussi depuis le départ de son maître. La dernière balade qu'ils avaient faite ensemble dans le corbillard n'avait pas suffi au chat, qui attendait son retour, soit devant la porte de sa chambre soit au bout du jardin. Ce matou à la mine d'orphelin m'enfonçait encore plus dans ma propre solitude. Je souffrais de le voir aussi malheureux. Le vétérinaire consulté diagnostiqua une grave dépression :

— Lui aussi doit faire son deuil, me dit-il. Emmenez-le au cimetière. Portez-le dans vos bras et allez-y à pied en lui parlant. Il comprendra et pourra dire adieu à son maître.

Le long du chemin, je sentais battre le cœur de mon chat. Plus on approchait plus son rythme s'accélérait. J'ai déposé l'animal sur la tombe et lui ai dit doucement :

— Ton maître est là, il ne reviendra plus. Tu dois apprendre à vivre sans lui. Comme moi. J'espère de toute mon âme que nous y parviendrons.

Lorsque j'ai repris Tapioca, le tempo de ses battements s'était ralenti et il semblait apaisé.

Rentré à la maison, il n'a plus jamais attendu derrière la porte ni au bout du jardin. Il avait dû comprendre qu'Alain ne reviendrait plus jamais. Quant à accepter... inutile d'y croire. L'animal est devenu agressif, s'est mis à attaquer les femmes de chambre, à me sauter au cou, nous rendant peut-être responsables de cette absence. Il est mort très rapidement. Je crois que le désespoir l'a tué.

*

Pendant que je pansais tant bien que mal mes blessures, certains se sont mis à vouloir s'acharner sur moi. Comme Alain adorait les fleurs, tous les jours j'en apportais des fraîches sur sa tombe pour que, de là-haut, il soit heureux de voir sa sépulture si belle. Hélas, lorsque je revenais le lendemain les bouquets avaient disparu. Me priver du droit de fleurir la dernière demeure de mon mari fut la pire des choses que l'on puisse me faire. J'en ai tant souffert que je suis allée déposer une plainte pour détroussement de tombe.

*

La chasse à la sorcière ne s'arrêtait pas par ailleurs. Une amie, directrice d'une grande agence de presse parisienne, m'a appelée un jour en me disant :

— Une folle est venue exiger qu'on déchire toutes tes photos. Elle hurlait dans nos bureaux :

« Lova Moor a sali l'image du Crazy, il faut qu'elle disparaisse ! »

À cette femme de la famille d'Alain qui s'excitait ainsi, mon amie a répondu vertement :

— Au contraire de vous, ici on pense qu'elle a servi le Crazy pendant des années. On aime bien Lova Moor, alors on ne déchire rien et on vous conseille d'aller ailleurs et de vous faire soigner.

Comme moi aussi je sais faire des esclandres publics, sur-le-champ j'ai décidé d'aller montrer à certains de ces mauvais coucheurs de quel bois je me chauffais. Je me suis donc rendue avenue George-V, au Crazy, où la femme en question se trouvait, alors que le testament l'interdisait. Je l'ai prise au collet et je l'ai grimpée au mur pour, d'une voix froide, lui asséner :

— Attention, ça ira mal pour toi si tu recommences une chose pareille.

— Non, non je ne recommencerai pas, a-t-elle chevroté.

Quand on me cherche, il m'arrive d'être féroce. Un fauve...

★

Obstinément méchants et bêtes, mes adversaires de tous poils savaient aussi se montrer retors. Certains m'ont fait suivre dans l'espoir de dégoter un scandale. Manque de chance, comme à l'accoutumée j'étais sage telle une image. D'autres ont inventé et colporté des ragots épouvantables, notamment que j'avais des amants et que c'était la cause du suicide d'Alain. On m'a ainsi attribué des liens avec des gens que je ne connaissais ni d'Ève ni d'Adam. Peut-être les avais-je effectivement rencontrés sur un plateau télé ou au cours d'un gala en province, moments durant lesquels je m'amusais bien, où l'on me faisait la cour, mais de là à en profiter... Tout ce qu'on clabaudait était pure invention et malveillance. Un grand quotidien national a même insinué qu'avant sa mort je n'habitais plus avec mon mari, perfidie cruelle et fausse qui me brisa et faillit me pousser à un geste irréparable. Connaissant trop bien les ravages de l'adage : « Il n'y a pas de fumée sans feu », je souffrais encore et encore de tant de mensonges. Par chance, j'ai réussi à tenir bon moralement, les gens de la terre ne se laissant pas abattre par des mots. Ils courbent peut-être la tête mais restent debout. Il me semble aussi qu'une voix m'a ordonné de gagner ce combat. Je n'ai jamais sombré. Merci la petite voix.

★

Des avocats ont participé à leur façon à l'entreprise de démolition en entretenant l'incertitude sur ma situation financière. Ils me soufflaient le chaud et le froid : un jour j'étais dans le bien-être, le lendemain j'allais me retrouver à la rue. Bref, rien n'était clair. La seule chose limpide, c'était qu'on ne voulait pas de moi au Crazy. Le quart que je possédais, par testament, perturbait.

Pour moi, en tant que veuve, il n'était pas question de sortir définitivement de l'affaire créée par mon mari. En tant que danseuse, je pensais aussi avoir bien mérité de la société dans laquelle j'avais si longtemps travaillé. Pour ces deux raisons, l'idée d'être évincée me révulsait. Le Crazy n'était-il pas ma deuxième maison ? Ne lui avais-je pas tout donné, ma beauté, mon intelligence, ma véritable identité ? Car ce pseudonyme, extraordinairement beau bien sûr, ne m'avait-il pas enfermée dans une image de sex-symbol peu évidente à vivre, même si j'avais joué le jeu durant de longues années ? Égérie de ce cabaret, je lui avais donné ses lettres de noblesse, l'avais médiatisé à fond, que ce soit sur scène, à la télévision ou lors de galas en province. Ne serait-ce que pour cela, j'estimais avoir droit au respect du travailleur.

Mais rien de ce passé n'avait de valeur aux yeux de mes détracteurs. Il leur fallait me chasser à tout prix alors que je m'accrochais. Comment, du jour au lendemain, accepter en effet de perdre en même temps sa famille et son travail ? J'espérais qu'on respecterait enfin l'amour que j'avais donné à Alain, mais la rancœur était trop forte.

⋆

Trois mois après la mort de mon mari, nous en étions arrivés au point de non-retour. La guerre s'annonçait longue. Un journal avait même titré avec à-propos « Cosette et les Thénardier », résumant bien l'affaire. J'étais contente que le public soit enfin informé. Mon avocat, lui, avait paniqué :

— Qu'as-tu raconté à la presse ? On va t'attaquer, ça va être grave pour toi.

Sa réaction ressemblant pour moi à une trahison, j'ai changé de conseil.

J'ai sollicité Me Halimi, qu'un ami m'avait recommandé et qui m'a sortie dès lors de nombreux problèmes. Mais au moment où il a accepté de s'occuper de mon dossier, la situation était bloquée. L'avocat testamentaire et lui sont toutefois tombés d'accord sur un point :

— Si tu restes et que tu te bagarres avec la famille, le Crazy fermera ses portes. Ils perdront tout et toi aussi. Le plus faible doit céder. Accepte de partir.

J'ai commencé à réfléchir à une telle éventualité. Même si elle me brisait le cœur.

⋆

À la même époque, j'ai préféré quitter Louveciennes, demeure magnifique devenue lieu de larmes, de solitude et de terreur. Et je me suis retrouvée seule, à Paris, dans un immense appartement qu'Alain avait loué avenue Montaigne.

Tous les soirs, pour oublier l'absence, l'incertitude, les rejets, je m'étourdissais en sortant avec ma petite bande de fidèles. Je me souviens notamment d'un dîner au Fouquet's avec ma copine Alexandra Lorska où Liliane Bettencourt s'est arrêtée à notre table et m'a dit :

— J'ai lu les journaux. On vous en fait voir de toutes les couleurs, ma chère, ne vous en offusquez pas. Vous êtes trop belle, trop célèbre et trop riche. C'est tout à fait normal. Prenez tout cela de haut.

Elle avait sûrement une grande expérience de la vie pour avoir aussi bien résumé mes tourments. Je repense souvent à ses paroles qui m'ont durablement réconfortée.

Pendant quelques mois, des gens importants, prétendant vouloir faire ma connaissance, m'ont invitée dans les plus grands restaurants. Je ne les connaissais pas mais j'acceptais : tout m'était mieux que la solitude. En fait, j'ai compris rapidement qu'une seule chose les intéressait : avoir des informations sur le suicide de Bernardin et, si possible, débusquer une histoire louche. Comme je n'avais pas de squelette caché dans un placard, j'ai cessé de les passionner et n'ai plus jamais été conviée par un seul de ces curieux morbides.

★

Les mois ont passé sans qu'un accord intervienne.

Pendant ce temps, on faisait croire que j'étais à la rue, que mon mari ne m'avait pas protégée, preuve qu'il ne m'aimait pas, alors que le testament se révélait parfaitement équitable. J'avais reçu ce que je devais avoir en tant qu'épouse et eux en tant qu'enfants. Alain, grand monsieur, avait pris soin de me protéger de toutes parts.

Mais, on s'en doute, ce flot de rumeurs, de malveillances, me perturbait, m'épuisait. J'étais minée. La nuit, je ne dormais pas. Bras croisés je regardais la tour Eiffel et ressassais inlassablement mes tourments. J'avais perdu l'homme de ma vie et je me voyais rejetée. J'étais doublement détruite : par la douleur et par la blessure d'orgueil.

Dès lors, je m'accrochais à tout ce que je pouvais pour retrouver le moral. Je songeais au passé, à la belle vie que j'avais eue. Je me revoyais, fraîche et sexy, arrivant dans le quartier quelques années auparavant. Venant d'être embauchée au Crazy Horse Saloon, j'avais trouvé une chambre de bonne avenue Montaigne, dans le « triangle d'or », ce quartier des grands couturiers et des beaux hôtels. J'avais fait le « tour du propriétaire », c'est-à-dire que je déambulais dans l'avenue, étourdie de bonheur d'habiter un si bel endroit et d'avoir trouvé un bon job, quand une belle voix sensuelle me dit :

— Mademoiselle, vous êtes roulée comme un cigare.

Je m'étais retournée lentement et retrouvée face à Alain Delon. Quel merveilleux souvenir que ce jour-là. On se serait cru dans un film alors que c'était ma nouvelle vie qui commençait.

Mais pour l'heure, j'étais dépressive et traquée : des journalistes, des paparazzi plutôt, se cachaient dans une voiture au bas de l'immeuble, rêvant de me surprendre en galante compagnie. Après tout, il y avait peut-être du vrai dans toutes ces rumeurs, se disaient-ils, et il fallait vérifier. Quoi de plus croustillant pour vendre du papier que les fredaines d'une veuve joyeuse ? Pour les éviter, lorsque j'avais à sortir, je prenais un taxi appelé par radio et dissimulais mes cheveux sous une sorte de tchador. Le stratagème a fonctionné six mois, jusqu'au jour où un chauffeur m'a reconnue :

— Avec les collègues, on croyait que vous étiez une terroriste. On en parlait à tout le monde.

Nous étions en pleine période des attentats à Paris et le fantasme de la kamikaze les excitait plus que l'histoire de la veuve pistée par la presse de caniveau.

Parfois quand tout était trop difficile à supporter, je me réfugiais chez des amis. Refusant la chambre d'hôte, je dormais avec eux. J'ai ainsi passé d'innombrables nuits au pied d'un lit, comme une bête abandonnée ayant enfin trouvé une présence apaisante, roulée en boule sur la moquette. Une boule de douleur. J'enviais parfois le fier et racé Tapioca qui avait su s'échapper...

★

Une nuit d'insomnie fut pire que les autres : celle où j'ai perdu la raison. Je ruminais depuis si longtemps les mêmes idées noires que, dans mon désarroi, j'ai saisi un fusil de chasse, prête à aller au Crazy pour régler leur compte aux monstres dont j'étais persuadée qu'ils me faisaient tant de mal. Ensuite, je me ferais sauter la cervelle.

Mon avocat, par chance, m'a appelée ce matin-là à 8 heures. Alors que je pleurais de rage, j'ai explosé :

— Depuis des mois on exacerbe ma souffrance en me faisant croire que je vais être à la rue. J'en ai marre. Je vais descendre tout le monde et l'affaire sera enfin close. Je vais commencer par le Crazy, puis viendra le tour des avocats, et je finirai par moi.

— Du calme, madame Bernardin, du calme, me dit-il. Je vous promets de les convaincre. Je vous rappelle tout de suite.

Il a vu que j'étais sérieuse et parvint à persuader mes adversaires qu'il y avait urgence. Et le miracle eut lieu : ils acceptèrent un armistice.

— Si tu cèdes tes parts du Crazy, c'est réglé, ils signent, m'a dit Me Halimi.

★

Certes, j'avais décidé de partir, accepté de tourner définitivement la page du Crazy, mais je ne voulais pas pour autant faire de cadeaux. J'ai donc âprement négocié pour m'en aller la tête haute !

Le protocole d'accord a été préparé en quinze jours. Et toute la famille s'est réunie pour la signature. Une dernière fois, quelqu'un a craché son venin :

— Bon débarras ! De toute façon, Bernardin ne t'a jamais aimée. Tu ne représentais rien pour lui ni pour le Crazy.

À ces propos injustes, la tigresse s'est réveillée en moi. J'ai bondi sur la table de réunion pour les regarder tous l'un après l'autre et dire avec véhémence :

— Je n'ai rien à voir avec le Crazy ? C'est grâce aux danseuses, grâce à notre travail, à mon travail, que vous avez mangé. Votre vie de rêve, vous nous la devez !

Comprenant que je n'étais pas à terre, nerveusement ils ont ri. Fébrilement le protocole a été signé.

La vente de mes parts signifiait que je ne remettrais plus jamais les pieds au Crazy. Dans mon Crazy, dans ce cabaret qu'avait si bien dirigé et magnifié mon mari.

Alain était mort depuis un an et un chapitre de ma vie se refermait définitivement. La rage au cœur, la larme à l'œil et une infinie tristesse au fond de l'âme.

Pourquoi un tel gâchis après tant d'années si belles ?

Le Bonheur

Chapitre 7

Sauvageonne

Mon enfance ? Rien que du bonheur et une liberté absolue. Celle de courir dans les bois, de grimper aux arbres, de sauter les rivières de l'aube à la nuit tombée. N'ayant pas le temps de jouer à la poupée, j'étais une sauvageonne heureuse seulement dans la nature, un véritable garçon manqué. Un petit animal même, qui rentrait à la maison pour se nourrir et repartait aussitôt arpenter le Marais poitevin qui n'attendait que lui, son elfe bondissant.

Ouvrez un livre de contes, regardez les illustrations et vous verrez la ferme de mes parents : minuscule mais belle, avec des rideaux bonne-femme aux fenêtres, un mobilier simple, des fleurs – des roses anciennes – partout, un jardinet où poussaient les légumes qui nous nourrissaient. Une cuisine, deux chambres et une salle à manger dans laquelle je dormais avec ma sœur. Pas de salle de bains, les toilettes au fond du jardin. Pour nous laver maman installait l'été une grande bassine, la baille, dans la cour, faisait chauffer l'eau et nous décrassait au vu et au su des voisins. Impudique mais charmant tableau. C'était la France profonde des années cinquante, celle qui savait se contenter de peu, celle des photos de Doisneau ou des films réalistes en noir et blanc que j'aime tant.

Chez nous c'était famille nombreuse (deux frères et une sœur) et vie simple : veillées aux crêpes, cueillette et tri des haricots. Nos moyens ne nous permettant pas d'avoir une télévision, objet de luxe en ce temps-là, toutes générations confondues nous discutions et riions autour de la table. En Charente, comme partout d'ailleurs, les enfants grandissaient dans une douce naïveté et ignoraient tout des dangers de la vie. Le bon sens paysan constituait souvent leur seule arme.

Comme mon village nichait au cœur du pays des fées et des légendes, j'ai cherché toute mon enfance ces femmes habillées de lierre à la chevelure blonde qui caressait le sol. Ne les ayant jamais trouvées j'ai sans doute voulu leur ressembler et même les réincarner.

*

Hélas, le conte de fées a basculé dans le drame alors que j'avais à peine quatorze ans. Mon papa est mort d'un cancer et tout s'est écroulé autour de moi. Ce monde merveilleux perdait son personnage principal. Un premier chagrin dont je ne me suis jamais remise. Toute ma vie il m'a manqué ce père si cruellement et si brutalement enlevé alors que j'étais jeune et naïve.

Mon père était un bel aviateur de vingt ans lorsqu'il avait rencontré celle qui allait devenir ma maman, Emma. La fille de l'hôtelier de La-Grève-sur-Mignon, en Charente-Maritime, n'était pas une intellectuelle, plutôt une danseuse forcenée. Le samedi soir, elle s'échappait de sa chambre par une échelle et écumait les bals des alentours. C'est donc au son du musette qu'elle a rencontré mon père, Marcel Maurice, qui arrivait de La Rochelle fringuant dans son bel uniforme. Le coup de foudre. Ils se sont vite mariés et installés face à la gare, dans la maison attenante à l'hôtel de mes grands-parents maternels, Théodore et Odette Méric.

C'est le dentiste du village, ami de Théodore, qui avait arrangé son mariage avec Odette, enfant abandonnée élevée par les sœurs à Béziers. Il était allé la chercher là-bas à cheval et, en même temps qu'Odette, les religieuses lui avaient remis un coffret rempli de bijoux. D'où le mystère familial : qui pouvaient bien être les parents d'Odette ? Des gens riches sans doute puisqu'il y avait cette cassette, mais pourquoi cet abandon ? S'était-il agi de l'histoire classique de la jeune bourgeoise séduite et oubliée par un prince pas si charmant que ça ?

Nous ne le saurons jamais mais ne nous sommes pas privés de fantasmer durant les laborieuses veillées.

Ma grand-mère chantait dans les églises, avec un talent fou. De Paris on était même venu lui proposer d'intégrer l'Opéra. Les sœurs avaient refusé de la laisser partir pour la capitale mais confiée sans hésitation au canasson de Théodore... Tous deux eurent quatre enfants dont ma maman, qui elle aussi a eu quatre enfants, Jean-Pierre, Monique, Michel et une petite Marie. Moi.

Mon père, homme de la ville exilé dans ce village de trois cents habitants, était correspondant d'un quotidien en même temps que directeur d'une briqueterie. Tête penchée sur sa feuille, il écrivait ses petites chroniques de la vie du canton sur la table de chêne qu'il avait fabriquée lui-même. Les grands événements étant plutôt rares dans le coin, il s'appliquait à donner du relief au quotidien, prouesse journalistique qui valorise tant les éditions locales des grands journaux. Il animait aussi une petite troupe de théâtre dont les répétitions se déroulaient à la mairie. J'adorais y assister, tant y régnait la bonne humeur.

⋆

Son cancer le fit énormément souffrir malgré les traitements qui lui furent administrés pendant deux ans par l'infirmière que nous allions chercher à vélo. Il finit par être hospitalisé à La Rochelle, nous laissant accablés par cette séparation. Pourtant un jour, miracle, on nous téléphona de l'hôpital pour nous avertir qu'il était guéri. L'espoir et la joie revinrent instantanément dans la famille. Heureux et tirés à quatre épingles, nous sommes partis à l'hôpital avec un cousin qui avait la chance de posséder une voiture. Tout guillerets, les quatre bouts de chou et leur maman furent conduits, une fois sur place... à la morgue. Entretemps, papa était mort. Comme scénario macabre on ne pouvait imaginer pire. De nos jours on ferait un procès pour une faute aussi grave et on nous enverrait une armée de psychologues, rien de tel n'arriva alors. Nous revînmes au village le cœur en berne, avec notre panier rempli de livres, de victuailles et de mots d'encouragements écrits par les voisins. Ma mère se retrouvait veuve et nous orphelins.

*

Pour l'enterrement, Maman, qui n'avait pas d'argent, s'était fait prêter des vêtements de deuil par les paysans d'à côté. On m'a habillée de haillons moisis et chaussée de souliers de paysanne trop grands. Au chagrin d'enterrer mon père, s'ajoutait chez moi, dont le souci d'apparence se manifestait déjà, la honte d'être aussi mal vêtue. Le moment était mal choisi, j'en conviens, mais ces pensées futiles étaient sûrement un moyen d'échapper à la tristesse. Efficace, très efficace puisque je n'ai pas versé une larme. Ce que Maman n'a pas compris, me croyant indifférente. Je lui en ai d'ailleurs voulu de ne pas deviner à quel point était profond mon chagrin et l'acharnement que je mettais à le dissimuler. Elle m'a même obligée à longtemps porter ces habits de deuil, chape noire qui empêchait le chagrin de s'exprimer. Conséquence, pendant des années je n'ai pas mentionné le décès de mon père dans les questionnaires scolaires. C'est seulement bien plus tard que j'ai compris : je n'ai jamais fait mon deuil de papa, de l'amour paternel.

*

Ma mère a dû faire des ménages pour élever ses quatre enfants, mais comme nous avions le jardin, nous faisions des repas magnifiques. Je n'ai, matériellement, jamais manqué de rien. En revanche, je souffrais vraiment de ne pouvoir porter des vêtements neufs. Avec ma sœur, nous nous échangions pulls et jupes afin d'avoir l'impression de renouveler notre garde-robe mais rien à faire, tout était toujours trop grand, usagé, sans style. Je ne rêvais que du jour où je m'évaderais vers Paris pour y faire fortune et m'habiller comme une fée. Une envie qui me taraudait depuis le soir de ma première communion : nous étions chez des voisins qui possédaient la télévision et nous invitaient de temps à autres à la regarder chez eux. Or, ce soir-là, le programme diffusait un spectacle du Lido. Émerveillée par le faste, les costumes, j'ai aussitôt dit à ma maman :

— Je veux être danseuse au Lido.

Et elle, sans contrarier cette vocation précoce, approuva aussitôt d'un :

— Pourquoi pas ?

Dès ce jour, m'entraînant aux arabesques et aux pointes, je suis pour tous devenue « la danseuse ». À cet âge aussi, je me suis juré de ne plus jamais être pauvre et d'apporter à ma mère le luxe et les belles choses qu'elle ne pouvait s'offrir à cause de son salaire dérisoire de femme de ménage.

En fait, j'ai l'impression d'être née artiste, de toujours avoir été en train de danser, de chanter. J'ai ainsi participé à tous les spectacles de l'école, mes numéros déchaînant l'hilarité des spectateurs. J'organisais pour mes copains de grandes fêtes dans l'église, dont ma grand-mère, très religieuse, s'était vu confier les clés par le curé qu'elle invitait chez elle. Une aubaine pour moi que de disposer à volonté de ce lieu si vaste et si beau. On mettait des fleurs partout, on se déguisait comme on pouvait ; des couvertures nous servaient de capes et l'imagination faisait le reste. La maison du bon Dieu était devenue ma vraie maison ; quand on jouait de l'harmonium, c'était autant de récitals donnés dans un château. Je débordais d'inventivité, heureuse de cette évasion. J'adorais aussi aller dans les cimetières, arrachant les petits anges des couronnes mortuaires – ils remplaçaient les poupées que je n'avais pas.

Comme au village il n'y avait pas grand-chose à faire, nous devions nous débrouiller pour nous amuser. L'un des grands événements était le 11 Novembre puisque nous participions à la cérémonie au monument aux morts. Au préalable, à l'école, nous avions confectionné de grandes gerbes de fleurs sans savoir très bien ce que cette date signifiait. Quand le maire disait « Mort pour la France » à l'énoncé des noms, nous riions par pure joie de vivre, ignorant ce qu'était l'irrespect.

*

Le maigre salaire de maman étant insuffisant pour acheter les livres de classe, je devais travailler pendant les vacances scolaires. La cueillette des haricots dans le Marais poitevin représentant la seule chance de gagner quelque argent, ma cousine Chantal m'accompagnait dans ce dur labeur. Bien que nous commencions à 4 heures du matin et terminions à 20 heures, j'en garde de bons souvenirs dans la mesure où le moindre incident était prétexte à des fous rires inextinguibles. Je me souviens ainsi d'une paysanne qui, lorsqu'elle se penchait, dévoilait son intimité. La vision de sa jarretelle décrochée entre ses jambes nous faisait hurler de rire. J'avais déjà une nature positive, ne voyant la vie qu'en rose.

Mener cette existence rustique et pauvre ne m'accablait pas, mais mes rêves sans cesse m'emmenaient ailleurs : je deviendrais princesse ou reine, actrice éventuellement. Pendant un temps j'avais toutefois caressé l'idée de me faire bonne sœur, « contaminée » par ma grand-mère, très catholique. Cette période de mysticisme n'a pas duré longtemps mais je suis restée croyante. Je veux en effet croire à quelque chose de supérieur. J'ai mon Dieu à moi, que j'honore à ma façon, convaincue de posséder un ange gardien au-dessus de ma tête qui veille sur ma destinée et qui me conseille dans les situations délicates.

*

À quoi ressemblais-je à cette époque ? J'étais châtain clair, avec des mèches blondes et de grands yeux qui me mangeaient le visage. Très fluette mais le postérieur cambré, je ressemblais, avec ma bouche immense, à un personnage de bande dessinée. Du moins c'est ce qu'on disait en me voyant. À l'adolescence, mes premiers bains de soleil dans le jardin où, petits, nous faisions notre toilette en plein air sous l'œil indifférent du voisinage, se mirent à avoir un tout autre effet sur ce même voisinage. Nantie d'un corps musclé à damner un bedeau, d'une croupe ferme et de seins qui narguaient le ciel, je me promenais souvent vêtue d'une toute petite culotte, le seul vêtement que je supportais car ce n'était pas une guenille. Cette vision amusait beaucoup maman qui a toujours respecté ma liberté et disait : « Tu es belle, montre-toi. » Connaissant mon innocence, elle savait bien qu'aucun exhibitionnisme malsain ne s'exprimait là. Et elle avait raison, j'étais pure, comme un petit animal, me montrer en tenue d'Ève me rapprochant simplement de la nature, mon univers. Et tant pis pour les gens coincés qui s'en offusquaient.

Jusqu'à l'âge de quinze ans, maman m'a élevée comme un bébé. Petite dernière très différente de ma sœur et de mes deux frères, qui m'appelaient « Princesse », j'ai toujours eu la vague sensation d'avoir été abandonnée sur le pas de la porte de cette famille et que je n'y resterais pas. Je les aimais plus que tout, ils me choyaient, mais mon monde et ma vie me semblaient nécessairement ailleurs, loin d'eux et de la Charente.

⋆

Cette enfance enchantée, il a bien fallu la quitter un jour. J'avais grandi et je devais choisir une voie professionnelle. Les possibilités étant plutôt restreintes dans le pays, je suis entrée pensionnaire au lycée de Surgères, avec ma cousine Chantal. BEPC en poche, direction ensuite La Rochelle, pour tenter le bac, mais la classe de seconde se révéla ennuyeuse et décevante. Maman m'a alors expédiée à Phalempin, dans le Nord, pour apprendre le beau métier d'éducatrice d'enfants inadaptés. Toujours avec Chantal, devenue mon inséparable amie.

Aussi étrange que cela paraisse, je n'avais encore pas eu de petit ami. J'avais bien un petit chouchou, le fils d'un fermier du village qui s'appelait Serge, mais on ne se touchait pas. Jeune fille très romantique attendant son prince charmant, j'étais toujours collée à mes copines pour me protéger des garçons.

Nos examens réussis, Chantal et moi sommes parties en stage. Vers la lumière, la seule ville où pourraient se réaliser mes rêves, Paris.

C'est là que mon autre vie a débuté.

Chapitre 8

Danseuse

Un oncle et une tante ayant accepté de nous héberger, nous nous sommes installées dans le VIIIe arrondissement. J'ai aimé ce quartier au premier regard et lui suis fidèle depuis ce jour. Il m'est familier dans ses moindres recoins, je me le suis approprié. C'est devenu mon village, un peu plus sophistiqué que La Grève-sur-Mignon, mais tout aussi convivial.

En tout cas, j'étais étourdie de bonheur à l'idée d'être enfin dans la capitale. Et ma modeste ambition de devenir éducatrice n'a pas résisté au tourbillon des tentations. Très vite cette vocation n'a plus encombré mon esprit : j'avais des rêves à réaliser, moi ! Les belles résolutions, les promesses à maman n'ont pas fait le poids face aux merveilles qui s'offraient à mes yeux.

Inséparables depuis l'enfance, Chantal et moi faisions tout ensemble et principalement les concours de danse dans les bals, les discothèques des villages alentours. Nous étions les reines du twist et du rock. Il y avait peu d'autres distractions au pays et j'avais hérité de ma mère sa frénésie du trémoussement. Aussi, en toute logique, les discothèques parisiennes furent notre première destination. Nous y avons découvert un univers de plaisir qui a agi sur nous comme un aimant. Oubliées les études ! Ce monde était bien plus captivant que les cahiers et les bouquins. Folles d'excitation, nous nous sommes appliquées chaque nuit à dépenser la formidable énergie de nos dix-neuf ans. Avec le diable au corps, des minijupes et la beauté du diable, nous nous éclations sur les rythmes frénétiques des disco. L'oncle et la tante fermaient gentiment les yeux sur cette vie de « débauche », comprenant bien que nous étions de gentilles jeunes filles éblouies par la vie parisienne mais toujours raisonnables et respectueuses de leur réputation. Des gamines, encore villageoises, naïves et innocentes.

Certes, nous négligions le stage de formation, mais étions-nous assez mûres pour nous occuper d'enfants à problèmes ? Notre si petite expérience de la vie aurait fait de nous de piètres éducatrices. Et d'ailleurs en avions-nous réellement l'envie ? À vrai dire, non, car à nos yeux, avant de songer à aider qui que ce soit, mieux valait nous éclater.

⋆

Pour les vacances scolaires, notre credo était d'en profiter encore. Il serait bien temps, ensuite, de réfléchir à notre avenir. Saint-Tropez s'est alors imposé comme une évidence. L'auto-stop aussi : nous avions toujours la bourse plate et pas la moindre notion du danger. Je me souviens que c'est un brave camionneur qui nous a emmenées et avoir dormi dans sa couchette. Quand j'y repense, je frémis de notre inconscience.

À l'arrivée, quel choc ! Le Saint-Tropez des années 70 ressemblait à un coin de paradis. Éblouie par tant de beauté, comme je suis tombée sous le charme du VIIIe arrondissement parisien, je me suis éprise du petit port et y suis fidèlement retournée jusqu'à ce jour. Même si c'est très différent désormais, avec trop de touristes, d'exhibitionnisme et de voyeurisme.

Valises en carton à la main, nous avons débarqué sur le port. Ayant juste pris le temps d'abandonner nos pauvres bagages derrière le comptoir du bar Chez Félix, nous avons filé à la plage de la Voile Rouge. Instinctivement. Le lieu branché, comme on ne disait encore pas à l'époque, nous nous devions d'y être.

Notre jeunesse, notre beauté et notre appétit de vivre étaient tout ce dont nous avions besoin dans un tel endroit. Et nous en avions à revendre ! De fête en fête, nous sommes restées trois mois, assurant de temps en temps quelques petits boulots pour gagner de l'argent, mais toujours en dilettantes.

Un jour, j'ai rencontré Fabrizio, un Italien d'une beauté époustouflante, fils de milliardaire au yacht somptueux. Grâce à lui, je passai directement de ma « baille » charentaise à l'un des plus beaux bateaux de la Côte d'Azur. Le conte de fées recommençait... En même temps, j'étais courtisée par un banquier américain. Fou d'amour, il voulait me ramener dans son pays pour que j'en apprenne la langue. Un autre soupirant déposait, lui, sa fortune à mes pieds. Ne me demandez pas de détails, je les ai oubliés. Je me souviens seulement que je m'amusais comme une folle, m'échappant de partout, ne donnant jamais rien. Ces hommes qui voulaient tout m'offrir n'ont jamais rien obtenu en échange. Mon innocence incroyable et mon insouciance me sauvaient. Je n'ai jamais eu l'impression de frôler le danger, découvrant seulement ce qu'était le luxe, bonheur très agréable s'il en est.

★

L'automne pourtant sonna la fin des réjouissances. Chantal prenant la direction de Londres pour apprendre l'anglais, nos relations se sont arrêtées. Le Channel a mis un terme définitif à notre complicité. Depuis, elle a épousé un Italien avec qui elle vit dans la Péninsule, devenue une bonne bourgeoise avec plein d'enfants.

Rester à Paris et y réussir représentait ma seule et grande ambition. Seulement il y avait un hic : l'oncle et la tante étant partis en province, je n'avais plus de toit. Conséquence, je dormais dans une vieille voiture que j'avais pu acheter aussitôt mon permis de conduire en poche. Trop pourri, le véhicule roulait peu mais me servait de logement. Je me souviens qu'à cette époque je marchais dans les rues en regardant les lumières aux fenêtres, enviant les gens qui vivaient dans le confort et me promettant de connaître bientôt ce bonheur. Je devais gagner de l'argent au plus vite. Dans la mesure où j'aimais toujours autant danser, il aurait été idiot de ne pas songer à en faire mon métier. Pas de doute : les folies tropéziennes avaient définitivement effacé de ma mémoire mon diplôme d'éducatrice.

⋆

Cherche gogo.

La petite annonce parue dans le journal m'avait attirée comme un aimant. Je me suis donc présentée rue de Berry. J'ignorais ce qu'était une gogo et un cabaret. On m'a annoncé qu'il fallait danser topless. Je n'y ai vu aucun inconvénient, ne sachant d'ailleurs pas la signification de ce vocable barbare. Le chorégraphe m'a expliqué que mon travail, si je l'acceptais, consisterait à danser en string. Pourquoi pas ? Depuis l'époque de la toilette dans le jardin, je n'avais toujours pas acquis la moindre notion de pudeur bourgeoise. Et ce n'est pas la saison passée à Saint-Tropez qui m'avait mis du plomb dans la tête. Dès lors, pas un instant je n'ai eu peur : seule m'intéressait la possibilité de gagner un peu d'argent. Ma belle naïveté m'interdisait le doute et les scrupules. Sans le savoir, j'allais entamer ma carrière de danseuse professionnelle par un petit cabaret de la rue de Berry qui s'appelait Le Stardust, « poussière d'étoile ».

★

Ce chorégraphe, Victor Upshaw, un as dans le métier, fut ma chance. Beau Noir américain né à Los Angeles, il avait joué, à l'âge de quatorze ans, dans le film *Une étoile est née* avec Judy Garland. On l'avait ensuite fait venir à Paris pour régler les ballets des Blue Bell Girls du Lido. Devenu très vite célèbre, il eut son émission de télévision en 1967 et créa sa propre école de danse. Toutes les vedettes venaient chez lui apprendre des pas : Dany Saval, Elsa Martinelli, Jean-Pierre Cassel, Pierre Mondy, Régine, Magali Noël, Anna Karina, Sylvie Vartan, bref tout le show-business de l'époque défilait à sa baguette.

Homosexuel excentrique, Vic m'a prise sous son

aile, m'a obligée à me perfectionner en m'entraînant dans son cours. N'ayant jamais appris à danser, mon art n'était que le fruit de ma jeunesse campagnarde et charentaise. Aussi m'a-t-il enseigné le « jazz classique », des mouvements longs et décomposés dérivés de la danse classique, et placés sur des airs de jazz très rythmés. Nous bossions avec sérieux et étions très complices. Ainsi, un soir, après un cours, il m'a emmenée voir le spectacle du Lido auquel il avait contribué. Il est vrai que je ne cessais de lui en rebattre les oreilles, mon rêve d'y travailler ne s'étant pas envolé. Faut-il l'écrire tant c'est évident mais j'ai été éberluée par la beauté des filles, émerveillée par la magie du spectacle, des plumes, des maquillages. C'était encore mieux que sur le petit écran de télé en noir et blanc des voisins ! Me voyant aussi estomaquée qu'une midinette, Upshaw s'est moqué de moi et de mes rêves d'enfant :

— Tu vois bien que tu ne pourras jamais travailler là, il faudrait que tu fasses 1 m 80. Viens, je t'emmène au Crazy Horse Saloon. Tu connais ? Là-bas, ils prennent des filles qui mesurent 1 m 70. Comme toi. Donc, tu y auras ta chance.

Je l'ignorais, mais Victor travaillait également pour le Crazy. Quand je dis qu'il a été ma chance...

⋆

Dès que j'y suis entrée, le Crazy m'a paru un endroit très mystérieux. Louis Camiret, dit « Loulou », le directeur, m'a attrapée tout de suite, et posée sur le bar :

— Allez, regarde le spectacle, petite fille.

L'atmosphère qui émanait du spectacle m'a subjuguée. Loulou m'a ensuite conduite à Alain Bernardin, le seigneur du Crazy, celui qui, au premier regard, « pouvait juger n'importe quelle femme », d'après ce que m'en avait dit Victor Upshaw. Je n'en menais pas large.

Malgré mes folles nuits parisiennes, j'étais encore pétrifiée par une timidité maladive, restant toujours ce gros poupon qui pleurait à volonté et devenait rouge comme une tomate quand on lui parlait. Mais j'ai rassemblé tout mon courage pour oser affronter le Maître.

Je portais un petit manteau en lapin acheté à Londres au cours de mon unique visite à Chantal, des bottes blanches, des mèches roses dans les cheveux, britanniques elles aussi.

Dans un couloir, debout, accoudé à une espèce de secrétaire mural, Alain Bernardin, qui faisait son courrier, n'a pas détourné le regard de sa correspondance. Il m'a néanmoins demandé de revenir passer une audition le lendemain.

Ouf ! j'avais brillamment franchi la première étape : avoir le droit de concourir.

Bien entendu, n'en ayant jamais subi l'épreuve, j'ignorais comment on préparait une audition.

Upshaw m'a donné quelques conseils élémentaires et une bande musicale.

Au casting, il y avait foule : le bottier, le chorégraphe, les secrétaires, de multiples candidates. Un vrai charivari ! Je me faisais toute petite dans l'espoir qu'on m'oublie quand, soudain, la musique a démarré. Je me suis retrouvée propulsée sur scène, un peu hébétée. Comment m'en sortir ? Le rythme aidant, la néophyte godiche s'est immédiatement souvenue de son enfance charentaise et s'est mise à onduler comme un singe dans les branches...

— Mais qu'est-ce que c'est que ce phénomène ? a lancé Alain Bernardin au bout de quelques secondes. Allez lui chercher un contrat de trois mois à l'essai.

Coup de pouce du destin, la secrétaire s'est trompée en rédigeant le contrat. Les trois mois d'essai se sont métamorphosés en trois ans fermes. Omettant de signaler l'erreur, j'ai signé de ma plus belle plume. Avec mon grand sourire en prime.

Chapitre 9

La gloire du Crazy

Quand il m'a engagée, Alain Bernardin avait franchi le cap de la cinquantaine, l'âge qu'aurait eu mon père. Est-ce la raison pour laquelle je lui ai immédiatement accordé ma confiance ? Sûrement. Sans que j'aie à le décider j'ai pris le parti de le suivre aveuglément. Comme une évidence.

On disait qu'il ressemblait à Fred Astaire, et c'était vrai : sec comme une trique, il avait le corps longiligne d'un joueur de tennis, un sport qu'il adorait pratiquer. Élégant, distingué, il était auréolé de gloire et de succès. Son personnel le respectait plus que tout. De toute façon il était impossible d'aller à l'encontre de ses directives. Malgré sa sévérité, les danseuses se consumaient pour lui. C'était un grand artiste qui avait su créer un spectacle magnifique que le monde entier venait applaudir.

Il possédait l'art de la domination qui fait les

grands patrons, ceux dont on ne conteste pas les ordres, ceux pour qui on aime travailler. L'âme humaine n'avait aucun secret pour lui, mais lui était l'être le plus secret de la terre. Enfermé dans un épais mystère, il paraissait difficile à amadouer. Insaisissable, pudique, il se confiait rarement. Il fallait être attentif à ses rares confidences pour arriver à reconstituer le puzzle de sa vie.

★

Il était né en Bourgogne d'un père jurassien et d'une mère normande. Son grand-père était maréchal-ferrant. Orgueilleux, il n'aimait garder de ce métier que le mot « maréchal ». Avant la Première Guerre mondiale, son père avait quitté le Jura pour tenter fortune à Paris. « Émile portait toujours deux vieilles pétoires dans ses profondes poches, même quand il vendait des sous-vêtements pour dames dans les magasins populaires, avait-il confié une fois. C'était dur-dur Paris, en ce temps-là. » Comme le Far West. À force de travail et d'économies, Émile avait néanmoins ouvert en 1918 un magasin qui fut à l'origine, des années plus tard, de la chaîne Prisunic. Il devint d'ailleurs le directeur de la chaîne et, dans les années trente, se faisait bourgeoisement conduire par un chauffeur.

Fils de bourgeois, donc, Bernardin était né artiste. Chez les pères, son professeur de mathématiques l'avait classé dans la catégorie « rêveur irrécupérable ». En fait, il n'avait déjà qu'une obsession : le corps des femmes. Il griffonnait des nus féminins dans ses cahiers, ce qui lui avait valu d'être renvoyé de la cinquième du lycée Pasteur. Son père qui le rêvait à H.E.C. dut remiser ses ambitions et l'inscrire à l'École hôtelière à Nice. Ses deux frères ayant fait l'ENA, Alain fut donc considéré comme le canard boiteux de la famille et, toute sa vie, il s'efforça de donner tort à ceux qui l'avaient traité un peu trop vite de looser. Un stage à l'Hôtel Ritz de Londres lui laissa le souvenir d'avoir servi deux Cointreau au roi Édouard VIII et à sa compagne Wallis Simpson. Un autre stage à l'Hôtel du Parc de Vichy lui fit côtoyer le maréchal Pétain. De quoi vous dégoûter du métier. De retour à Paris, il avait, paraît-il, vendu des extincteurs, puis fréquenté l'atelier d'Yves Brayer à la Grande Chaumière pour apprendre la peinture. On le retrouva ensuite antiquaire ou plutôt brocanteur, puis vendeur de champagne en Suisse. Visiblement il avait du mal à trouver sa voie puisqu'il est ensuite revenu à son premier métier en ouvrant à Paris un restaurant : Paul et Virginie, place du Marché-Saint-Honoré. Aux naïfs, il s'amusait à raconter qu'il descendait de Bernardin de Saint-Pierre, l'auteur du roman *Paul et Virginie*. Alain faisait ses premières armes d'illusionniste.

L'endroit à succès était très apprécié des touristes étrangers. L'Aga Khan venait y manger des soufflés en compagnie de la Bégum. Le chef vénéré des ismaéliens commandait pour six, mais mangeait seul et avec les doigts. De quoi couper l'appétit à son épouse, ancienne Miss France toute confinée dans la dignité de son statut d'épouse d'un vénérable chef religieux.

⋆

Oublié par un client, *See*, un journal américain, objet rare à l'époque, bouleversa le destin de Bernardin. Un article racontait la réussite outre-atlantique d'une certaine Lily St-Cyr, une beauté qui s'effeuillait sur une musique langoureuse. Son « récital », appelé strip-tease, durait 1 h 30. Alain, qui à 25 ans n'avait encore jamais mis les pieds dans un night-club, fut alors comme frappé par la foudre : il décida de créer le premier spectacle de strip-tease en France.

Traditionnellement, les cabarets hexagonaux montraient du cancan, des revues pleines de plumes et de strass, un peu de nu mais d'effeuillage aucun. C'était étrange d'ailleurs puisque, au début du siècle dernier, des petites salles de cinquante-soixante places, à l'enseigne du « Divan japonais » ou du « Paravent chinois », proposaient des saynètes de « déshabillages progressifs », comme cela s'appelait à l'époque. Il y avait « La toilette d'Yvette » ou « Le déshabillé de la mariée ».

L'Amérique avait exploité le genre, dès 1925. L'idée, améliorée et popularisée, marchait très bien sous le nom de « burlesque ».

Bernardin, qui aimait tant le corps féminin, avait enfin trouvé sa vocation.

★

En quête d'un local, Alain était tombé sur une cave à charbon au 12, avenue George-V et l'avait louée. Il paraît qu'à cet emplacement une chaumière abritait autrefois les visites que Bonaparte, alors Premier consul, faisait à ses actrices préférées. Bernardin adorait l'Amérique et portait en permanence des santiags, des chemises de cow-boys avec la petite cravate-lien. Dès lors, son cabaret adopterait ce style : des glaces partout, un rideau à paillettes noires, du mobilier western et des serveurs en gilet rouge. Avec deux plantons en uniforme de la police montée canadienne à l'entrée pour la touche finale. Le Crazy Horse Saloon, du nom du grand chef sioux roublard et téméraire qui fit tomber le général Custer à la bataille de Little Big Horn, était né. C'était le 19 mai 1951.

Tout-Paris s'était retrouvé là pour l'ouverture. Jean Marais, déguisé en cow-boy, chauffait la salle. Le premier spectacle, assez hétéroclite, mit Magali Noël en chanteuse-vedette. Serrée dans un corset, elle chantait avec Julia Rouge, la seconde femme de Bernardin. Entre deux coupes de champagne, les garçons poussaient la chansonnette. La jolie fille du vestiaire interprétait un duo avec George Lyre, un chanteur gominé. Une comédienne, Heddy Miller, faisait des entrechats. Bref, c'était un peu n'importe quoi. Chanteurs, amuseurs, jongleurs se succédaient avant le passage de la strip-teaseuse. Au jour le jour en fait, Bernardin a affiné le spectacle.

« J'ai payé 50 francs chaque soir pour avoir Charles Aznavour qui s'accompagnait au piano, mais seulement 25 francs pour Michel Piccoli qui jouait quatre rôles dans chacun des sketches qu'il interprétait en duo avec François Patrice », raconta-t-il plus tard. Leurs laborieux pastiches de films noirs intitulés « Chicago Digest » ou « Terreur en Oklahoma » ne valaient à vrai dire pas plus. Fernand Raynaud passait aussi en lever de rideau. Comme ses blagues n'amusaient guère, il insultait les spectateurs, qui lui répondaient. Au programme apparurent aussi Raymond Devos et Georges Wilson dans un duo poétiquement appelé « Les Pinsons », Jean Yanne, Pierre Repp le bafouilleur, les Frères ennemis, Sim, etc. Quelle affiche ! Certes, ces noms prestigieux impressionnent aujourd'hui mais, dans les années cinquante, ils correspondaient à d'illustres inconnus qui indifféraient le public. Au Crazy, c'est surtout la fille qui attirait la foule.

Son effeuilleuse s'appelait Miss Fortunia. Elle était née à Koenigsberg mais avait une jolie peau chocolat : son père, marin antillais sur un chalutier breton, avait, une vingtaine d'années auparavant, fait une escale dans ce port de la Prusse orientale. Ancienne girl des Folies-Bergère, elle ondulait voluptueusement. Sa prestation au cours d'une soirée donnée au profit des œuvres de l'abbé Pierre avait ému le jeune ecclésiastique, loin encore, dans les années cinquante, du saint homme qu'il est devenu.

Si Miss Fortunia avait du savoir-faire, très vite ses déhanchements suscitèrent une certaine lassitude. Les Parisiens n'étant pas émus, l'effet de curiosité s'effilocha. Bancal, avec ses comédiens débutants et sa brune plantureuse, le spectacle – trop café-théâtre – n'avait pas convaincu le public. Et l'affaire périclita. « J'étais obligé de m'enfermer dans les toilettes quand le propriétaire passait toucher le loyer, tellement les caisses étaient vides », se souvenait Alain des années plus tard. Rapidement, les notes impayées s'accumulèrent et les huissiers rappliquèrent. Bernardin dut fermer et repartir en Suisse, la mort dans l'âme, vendre du champagne.

⋆

Grâce à ces gros buveurs helvètes, en 1953 Alain a pu revenir tenter l'aventure. Après avoir pris le temps de peaufiner son idée : l'effeuilleuse ayant bien plus de succès que les comédiens ou les chanteurs, aussi talentueux soient-ils, il fallait en présenter. Aucun doute dans son esprit : l'avenue George-V n'attendant que lui, il loua deux caves, cette fois, de façon à agrandir la scène.

Cinq filles, pas une de moins ! Voilà ce qu'il fallait au public. Il voulait être rassasié, le public. Alors, on lui a donné Lily-la-Pudeur, qui venait d'Istanbul, Laure Géraud, grande rousse mystérieuse, Diamant Baby, découverte à Zurich, Candida, Polonaise rouée qui mettait sa main sur son cache-sexe pour faire croire qu'elle n'en avait pas (dans sa carrière, elle a pris 1 500 bains en scène) et Rita Renoir, ramenée par un journaliste de l'île du Levant où elle passait ses vacances. Le soir de la première, le 15 décembre 1953, le succès fut enfin au rendez-vous ! Clara Saint-Honoré a ensuite rejoint la troupe de pouliches, tout comme Rita Cadillac.

Dès lors le cabaret n'a plus désempli et Bernardin est devenu la coqueluche de la « Café Société », comme on disait à l'époque, notre jet-set actuelle. Les comédiens et les chanteurs ont commencé à voir pointer la gloire et les danseuses sont devenues des stars, convoitées par les plus grands.

Rita Renoir – Monique de son prénom de baptême – était si voluptueuse que la célébrité lui est tombée dessus immédiatement. Il est ainsi de tradition de dire qu'elle fut la première strip-teaseuse française. Dotée d'une très forte personnalité, elle a quitté rapidement le Crazy pour voler de ses propres ailes. Jusque dans les années soixante-dix elle a connu la gloire au théâtre, un théâtre d'avant-garde, très provocateur, où elle poussait les spectateurs à se mettre nus sur scène. Les journaux les plus sérieux ont consacré de longs articles à ses performances, ancêtres des « reality shows » actuels.

Rita Cadillac, tellement bien carrossée que Bernardin lui avait trouvé ce nom rutilant, a elle aussi connu une gloire inouïe. Pour son premier numéro, vêtue de bas résille, d'une guêpière blanche à pois verts, d'un boa rouge assorti à ses cheveux, elle se déshabillait sur un air de banjo. Un ensemble un peu cacophonique, qui lui valut cependant d'être remarquée par Ali Khan, le fils de l'homme aux soufflés, ex-époux de la star hollywoodienne Rita Hayworth. À l'époque, séparé de l'actrice Gene Tierney, il errait comme une âme en peine dans les cabarets parisiens en quête de consolation. Rita, petite fille sage qui vivait chez ses parents lesquels ne l'appelaient que de son vrai prénom, Nicole, ignora sa détresse et ses sollicitations répétées. Sans doute par dépit Ali n'est jamais revenu au Crazy qui a perdu là un bon client.

Gary Cooper, le grand acteur américain, n'a pas eu plus de succès avec elle. Rita, possédant un sens aigu des convenances, ne supporta pas que le beau Gary lui demande de l'appeler à son palace, choquée d'être confondue avec une call-girl. Rita regrette encore l'occasion manquée de rencontrer ce monument du cinéma américain mais son honneur fut sauf ! Henri Georges Clouzot, le metteur en scène, a aussi eu affaire à son caractère bien trempé. Elle a ainsi refusé de se mettre nue devant ses caméras parce qu'elle estimait qu'il lui avait manqué de respect en lui ordonnant de « se mettre à poil ». Milko Skofic, mari bien-aimé de Gina Lollobrigida, succomba aussi à son charme. Il avait profité que sa femme tourne de nuit le film Trapèzes pour venir s'encanailler au Crazy. Excitée à l'idée de vamper le mari de la sublime Lollo, Rita déployait sur scène tous ses charmes lorsque Gina fit une entrée tonitruante. La scène que la volcanique Italienne asséna à son époux volage fut digne du théâtre de boulevard. Habitué à cette exubérance, le mari resta stoïque et refusa de la suivre. Elle s'en prit alors à Rita qui redoublait de sensualité provocatrice. Le public hua l'actrice qui battit en retraite. L'effeuilleuse avait vaincu la reine du cinéma.

Rita Cadillac resta seulement trois ans au Crazy. Un soir, elle éblouit Paul Derval, patron des Folies-Bergère :

— Je vous engage, lui dit-il, enthousiaste.

— Mais c'est fait. Il y a deux ans que je travaille chez vous, monsieur Derval.

Il n'avait pas remarqué cette simple figurante dans son spectacle. Il lui offrit alors un pont d'or et en fit la vedette de sa nouvelle revue. Mistinguett, qui alla la voir au Folies, lui donna ce conseil des plus utiles :

— Plus de cheveux rouges, mon p'tit. Paris, c'est une blonde, souviens-t'en.

Elle mit donc de l'or dans ses cheveux et vécut une romance avec un jeune homme, beau comme un ange, que lui avait présenté Mouloudji. C'était Alain Delon. Le cinéma se passait encore de lui à l'époque, on n'était qu'en 1957.

Parmi les grandes effeuilleuses d'alors, on se souvient aussi de Dodo de Hambourg que Bernardin avait recrutée en Allemagne où elle était une vraie vedette. Peu après son arrivée à Paris, elle perdit son jeune mari qui s'était suicidé. On lui annonça la nouvelle avec ménagement et elle a abondamment pleuré. Deux jours plus tard, elle se présentait néanmoins en scène, sur un plateau tournant, nue sous des voiles noirs et larmoyant une chanson triste comme un jour d'hiver dans un port de la mer du Nord. Peu à peu, elle enleva ses crêpes de deuil, se regarda dans un miroir et découvrit sa beauté, ce qui assécha ses larmes instantanément. Tout-Paris accourut pour consoler la veuve nue. En fait, elle n'avait plus de chagrin depuis longtemps. Le nom du grand consolateur ? Alain Bernardin, bien sûr.

*

La notoriété de mon futur mari grandissait. Les hommes, un peu jaloux peut-être, susurraient qu'il ressemblait à Nosferatu « mais avec beaucoup de charme ». Les femmes, subjuguées, le comparaient plutôt à Alec Guinness ou Boris Vian.

Ce qui était sûr c'est qu'il était provocateur, s'ingéniant à inventer des numéros scandaleux. Un stratagème pour faire venir la clientèle dans lequel il trouvait son compte. Rien ne l'excitait plus que de poser sur scène un cercueil d'où sortaient des fesses parfaites ! Ou de montrer une religieuse à sa toilette, figure osée en ce temps-là ! Ces audaces attisaient la curiosité et le public se précipitait. Comme il n'y avait guère de télévision et moins d'érotisme au cinéma, il fallait se déplacer dans des endroits un peu secrets pour voir ce genre de choses.

C'est lui aussi qui avait eu l'idée de tous ces pseudonymes qui claquaient comme une jarretelle sur une cuisse fuselée et participaient au fantasme collectif. Ceux des danseuses pionnières du Crazy sont restés dans toutes les mémoires, femmes aux énormes personnalités que Bernardin a su transcender. Elles ont connu des destins exceptionnels grâce au Crazy, et grâce à elles le Crazy a rencontré la gloire.

★

En 1964, le cabaret était sur le point de fêter ses quinze ans. Le succès ne se démentait pas mais le strip-tease fleurissait désormais un peu partout.

Les mœurs se libéralisant, il convenait de renouveler le genre sous peine d'être banalisé. Des intenses cogitations de Bernardin avec le chorégraphe Victor Upshaw naquit une nouvelle formule qui a ringardisé le strip-tease à tout jamais. Dès lors, il ne faudrait plus employer ce mot devant Bernardin sous peine de le faire grincer des dents.

Dans le nouveau spectacle, les filles ne se déshabillaient en effet plus sur scène. Lorsque le rideau se levait, elles étaient déjà nues, mais recouvertes de lumière et de musique. C'était révolutionnaire. On était en plein Pop'Art. Sur les corps, on projetait des zébrures, des gros points, des filigranes. La partie supérieure de la scène rabaissée, le public avait en outre l'impression que les danseuses se trouvaient dans un écrin.

Le comble de la sophistication fut atteint lorsqu'il a été décidé de leur donner toutes le même look et la même taille en leur faisant porter des bottes à talons compensés sur mesure. Leurs jambes allongées idéalement par les bottes magiques, leurs éventuels défauts cachés par les jeux de lumière, les filles devenaient des déesses d'1 m 80. En y ajoutant une chorégraphie superbe, travaillée avec acharnement, et une discipline digne d'un collège, tout était réuni pour le succès. Qui fut une nouvelle fois au rendez-vous.

★

« Si l'on présentait un show pareil à Hambourg les spectateurs crieraient à l'escroquerie. Chez nous on va beaucoup plus loin. Pourtant, à chacun de mes séjours à Paris, je reviens ici et toujours avec autant de plaisir », expliqua, en 1975, un client allemand à un journaliste du *Figaro*. De fait, on venait au Crazy pour la beauté des danseuses et l'absence absolue de vulgarité des numéros. De doux rêveurs trouvaient même que le spectacle exhalait un parfum de poésie. On pouvait voir du nu sur les scènes du monde entier, ou presque, tandis qu'au Crazy l'élégance du spectacle – érotique mais nullement malsain – permettait au client de ne jamais se sentir voyeur. Il s'agissait d'art et non de pornographie.

Même en 1970, lorsque Bernardin fit tomber le triangle, dernier minuscule rempart de la vertu, rien n'a changé. Le show est resté digne. Les quelques centimètres carrés hypocrites de tissu ne transformaient pas grand-chose. Certes, les danseuses étaient intégralement nues un court instant, mais elles étaient métamorphosées par les lumières, ciselées, magnifiées, déifiées et définitivement inaccessibles. Habillées de beauté, suffisamment mystérieuses pour que chaque spectateur ait l'impression d'être seul face à son imaginaire. C'était presque mystique.

Bernardin constata même que les femmes composaient 60 % de sa clientèle et que souvent c'étaient elles qui entraînaient leur compagnon, appréciant la qualité des tableaux aux filles bonnes danseuses.

★

À vrai dire, c'était la principale condition pour être engagée. Il fallait posséder le sens du mouvement, beaucoup plus important pour Bernardin qu'une plastique parfaite. « Essayez de marcher élégamment sans rien sur le dos, vous verrez qu'il ne suffit pas d'être belle », disait-il.

Posséder de la personnalité se révélait essentiel aussi. Même si les candidates devaient impérativement avoir le buste long, le bassin court, la jambe effilée et le cou étiré « qui permet d'avoir une attitude de belle Junon », Bernardin refusait les mollassonnes. « Je préfère les mauvais caractères aux tempéraments dociles », disait-il. Et ce parce que la danseuse nue doit être hautaine, se présenter comme une belle indifférente, un peu agressive, un peu provocante et dominer son public. S'il en était autrement, le nu serait indécent.

Le regard des danseuses doit en outre polariser la salle. « On n'imagine pas ce qu'on peut faire avec un regard globuleux, presque exorbité. La lumière joue dessus avec une efficacité absolue. Le public qui croit être venu regarder des nus ne se détache plus du regard qu'il voit bouger devant lui, disait Bernardin à *Paris-Match* en 1973. La bouche doit être grande comme un mufle qui avance de la scène. Elle forme avec les yeux le triangle par lequel on communique avec le public. »

On le voit les critères de sélection de Maître Bernardin n'appartenaient qu'à lui. Il était le seul à décider si la fille qu'il auditionnait méritait sa place au Crazy. Il n'en gardait que six par an, la sélection était donc drastique. « Je suis mon premier client », disait-il. Seul le goût du Grand Prêtre décidait de l'entrée d'une nouvelle vestale dans le temple de l'avenue George-V. Là où tout un chacun voyait une beauté sans défaut, si Bernardin ne trouvait pas le mystère qu'il recherchait, la fille ne restait pas. Il a vu défiler des milliers de filles : des gitanes, des sauvageonnes, des intellectuelles, des sportives, des poupées, des femmes-enfants, des vamps, des Parisiennes, des coquettes... des beautés, venues du monde entier. Mais les élues avaient toutes ce petit quelque chose qui plaisait au maître et devait contribuer au succès de l'entreprise.

Alain a en fait toujours détesté le graveleux, l'obscène, le grivois, la complaisance. Il n'appréciait que la pureté, la netteté, la fraîcheur, le luxe, l'art. Féru d'architecture il avait, perfectionniste, calculé un nombre d'or pour le petit triangle des danseuses. Nues mais protégées par ces voiles lumineux, ces mouchetés, ces pointillés, les demoiselles, carrelées ou zébrées, gardaient leur chasteté et leur mystère. Elles étaient sur scène pour faire rêver, non pour être touchées. Tenu à distance de leur beauté orgueilleuse, le spectateur les voyait idoles. On était loin des boîtes à strip-tease de Pigalle où les filles se déshabillent sans joie et sans goût, pour le prix d'un sandwich, un masque d'ennui mortel sur la figure.

Pour ajouter encore de la distance, il avait interdit la salle aux danseuses, lesquelles regagnaient leurs loges discrètement par un couloir qu'il avait fait creuser. Les clients trop enthousiastes ne pouvaient pas non plus les y rejoindre. « Si des messieurs veulent leur faire la cour, qu'ils leur envoient des fleurs ou des bonbons, avec leur carte de visite, disait-il, ajoutant : Le savoir-vivre n'a jamais tué personne. » Vétilleux, perfectionniste, il a créé un mythe d'inaccessibilité qui a fait du Crazy un diamant noir.

★

Il semblait que jamais le succès ne s'éteindrait. Un succès planétaire. Salvador Dali était devenu un peu le parrain du Crazy. Très ami avec Bernardin, son manager, Peter Moore l'amenait chaque soir. En pleine flamboyance excentrique, le peintre tenait un guépard en laisse. La photo était assurée dans les journaux du lendemain. Eric von Stroheim, Raoul Walsh, John Ford (qui a dormi allongé par terre), Fellini sont venus. John Kennedy, alors sénateur du Massachusetts, aussi, après avoir fait la queue, comme tout le monde. Onassis était un habitué, le Shah d'Iran également. Ne dit-on pas que seuls le général de Gaulle, le pape et le dalaï-lama ne sont jamais venus au Crazy ?

Chapitre 10

Entrée des artistes

Me voici donc embauchée pour trois ans et convoquée aux répétitions quotidiennes. Avec mes gains du précédent cabaret, j'avais pu louer un studio, une cave plutôt, place d'Iéna. Quand je dormais les souris couraient sur mon visage mais, étant toujours une campagnarde, cela ne me gênait pas. Une avance consentie par mon nouvel employeur m'a permis de quitter ce sous-sol et d'emménager dans une chambre de bonne avenue Montaigne. Dans le VIIIe arrondissement, ce coin de paradis parisien, et tout près de mon lieu de travail.

*

C'est mon premier jour. J'emprunte l'entrée des artistes. Mon cœur bat la chamade : c'est arrivé, je suis une artiste. Du moins je suis disposée à tout faire pour le devenir. L'enfilade de couloirs ajoute au mystère et à mon appréhension. On me donne un collant, un justaucorps, un peignoir et des baskets. Je m'approche de la scène où je découvre les filles les plus sublimes que j'aie jamais vues. Elles m'intimident, je me trouve moche, godiche. Mes complexes de paysanne me prennent à la gorge. Pourquoi ne suis-je pas entrée dans les ordres comme j'en rêvais à l'adolescence ? Dissimulée sous ma robe de bure, je serais en ce moment protégée et n'aurais pas à m'avancer dans la lumière.

*

Il est trop tard pour reculer, je dois y aller. M'apercevant toute maladroite, les danseuses s'en donnent à cœur joie et m'envoient, entre deux gloussements moqueurs, quelques vannes : « Qu'est-ce qu'elle fiche là cette gourde ? Le boss est tombé sur la tête d'avoir embauché cette plouc », et autres amabilités peu subtiles mais efficaces.

Complètement déstabilisée par le bizutage, je me sens encore plus empruntée lorsque mon tour arrive. Devant moi, le boss et sa garde rapprochée, les deux couturières, l'éclairagiste, le perruquier, les secrétaires. Il faut affronter le jury vaille que vaille : je me lance. À mon grand étonnement, je m'en sors bien et mes scrutateurs paraissent satisfaits de ma prestation. L'amour de la danse m'a aidée à surmonter la peur des autres. Cette première victoire fut suivie de beaucoup d'autres : sur ce champ de bataille de faibles dimensions, s'affrontèrent de terribles guerrières !

⋆

Deux mois de répétitions quotidiennes avec Victor Upshaw étaient nécessaires avant que toute nouvelle danseuse fût jugée digne d'apparaître, parfaite, dans le spectacle. Il n'y avait pas de temps mort, on répétait et on répétait sans cesse. Le show était réglé au millimètre, il fallait en respecter l'harmonie et s'y intégrer naturellement.

Apprendre l'art du maquillage était de la plus haute importance. Nous portions bien évidemment de somptueux faux cils, nos lèvres étaient redessinées au crayon et pâlies pour paraître plus charnues. Nous nous passions le corps à la pierre sanguine, un produit mis au point par Alain Bernardin qui nous donnait une peau superbe et pulpeuse sous les lumières. Nous étions minutieusement épilées. Le haut du pubis, qui dépassait du string, était maquillé soigneusement, de façon à ne pas choquer. Objet de tous les fantasmes, il fallait de la salle le deviner mais rester dans le domaine du rêve. Nous lui accordions donc toute notre délicatesse.

Les costumes étaient fabriqués sur mesure selon

les dessins d'Alain Bernardin. Minuscules, ces pièces uniques cousues à la main demandaient du temps. Un string valait une fortune, 6 000 francs (914 euros), et il en fallait trois par danseuse et par semaine ! De la vraie haute couture. D'ailleurs Azzedine Alaïa a travaillé pour nous, Karl Lagerfeld aussi, nous créant de jolies robes sexy, magnifiques petits chefs-d'œuvre. Débutants au Crazy, ils connaissent dorénavant une célébrité phénoménale, tout comme les artistes de music-hall que Bernardin avait fait débuter dans les années cinquante.

J'allai donc chez le costumier, Guy Braslave, qui me fit des essayages pour les perruques. Je refusai d'en porter, mais je dus céder. Tout cela prit bien deux mois. C'était excitant : il y avait tous les jours dans ce Crazy une télévision étrangère qui faisait un reportage, des danseuses qui auditionnaient, des photographes en maraude. Tout une vie intérieure que j'adorais et qui me fit accepter les petites vacheries des collègues jalouses. Progressivement je me construisis une cuirasse, indispensable pour affronter les persiflages des danseuses. Il me fallait aussi comprendre le mode d'emploi d'Alain Bernardin.

*

On l'a décrit comme le grand prêtre d'un temple dédié à Vénus, ou comme la mère supérieure d'un couvent dont les girls étaient les nonnes. D'ailleurs, comme pour une prise de voile, les jeunes filles abandonnaient leur état civil à la porte du Crazy. Nicole, Martine, Marie, Catherine se transformaient en Vodka Samovar, Vanilla Banana, Wanda Stradivarius, Lili Paramount, Bonita Super ou Baba Moleskine, pseudonymes extravagants qui aidaient à la désintégration des inhibitions.

Assurément, vu de l'extérieur, Alain Bernardin était entouré de secret, et on lui prêtait un pouvoir quasi magique. Mais, vu de l'intérieur, il relevait surtout du tyran qui menait son monde à la baguette. Responsable d'un établissement connu dans le monde entier et qui employait quatre-vingt-dix personnes, il le gérait d'une poigne de fer, en chef d'entreprise exigeant. Son affaire était un lieu de plaisir pour le spectateur, qui devait en ignorer les rouages afin d'en apprécier le mystère. Bref, tout devant fonctionner à la perfection, il faisait régner la terreur et la discipline parmi les donzelles et le personnel.

Bien que lui ayant accordé d'emblée et aveuglément ma confiance, je redoutais ses colères. Hypersensible comme j'étais, pleurant pour un oui ou un non, j'étais déstabilisée par ses sarcasmes. Mes premiers pas de débutante furent douloureux, ayant bien du mal à m'habituer à ses jugements à l'emporte-pièce qui tombaient toujours à l'improviste et faisaient mal. Ainsi, un jour où je commandais un Martini, il décréta :

— Seules les bonniches prennent un Martini. Bois autre chose. Champagne pour mademoiselle !

Une autre fois, mes vêtements, pourtant à la dernière mode, déchaînèrent sa verve :

— Tu ne ressembles à rien ! Va te changer, tu seras moins ridicule.

Emporté par sa fougue, il s'en prit à ma culture :

— Ces jeunes, vous leur parlez de Victor Hugo, elles croient qu'il s'agit de la place à côté.

C'en était trop. Timide mais fière, la Charentaise prit ses cliques et ses claques et s'enfuit, jurant qu'on ne la reverrait jamais dans cette boîte de dingues. J'ignorais encore à quel point le patron appréciait les femmes de caractère !

*

Dans mon idée, un trait définitif était donc tiré sur le Crazy. Avant même de passer sur scène, j'avais ruiné la chance qui m'avait été donnée. Je ruminais mon échec seule à la maison lorsque, le quatrième jour, une immense poupée, accompagnée d'un petit mot, fut livrée à mon domicile. « Vous avez du caractère, bravo ! » m'écrivait le patron. Un vrai compliment de la part de ce despote. J'ai été émue bien sûr par cette louange mais, avec cette poupée, il me prenait vraiment par les sentiments ! Le roué avait bien vu qu'il avait plus affaire à une petite fille butée qu'à une femme experte en manipulation. Toute heureuse, je suis revenue m'entraîner comme si rien ne s'était passé.

★

Ayant vraiment le rythme dans la peau, pendant les répétitions mes relations avec le boss s'améliorèrent rapidement. Trop sans doute, puisque deux personnes ont commencé à en prendre ombrage : Agathe, l'une des secrétaires, et Sophia, l'aide-chorégraphe. Leur aversion pour moi fut immédiate, Agathe parce qu'elle avait eu une liaison avec Alain Bernardin et redoutait les nouvelles recrues, Sophia Balma, ancienne danseuse sous le pseudonyme de Sofia Palladium, parce qu'elle était elle aussi une ex-petite amie du patron. Rivales dans le cœur de Bernardin, mais complices pour évincer une nouvelle agnelle du troupeau, les deux louves ont rapidement ourdi un complot contre moi.

Alain Bernardin étant parti aux États-Unis pour deux semaines, j'avais pris ce voyage comme un soulagement, un répit, ne possédant toujours pas le décodeur qui m'aurait permis de comprendre cet homme. Chaque jour, je m'échinais dans le décryptage de son attitude, qui suscitait une angoisse permanente chez moi, la petite paysanne qui s'était frottée jusque-là à des gens tellement plus simples.

Quelques jours à peine après son départ, je

reçus, postée de New York, une carte postale : « J'espère que mon petit animal sauvage a réussi à trouver son repaire et ses repères dans ma forêt parfois si hostile. Alain Bernardin. » Le trouble m'avait gagnée une fois de plus. Comment pouvait-il être à la fois pervers mais tendre, indifférent mais attentionné ? Si je n'y mettais pas du mien, je n'arriverais jamais à comprendre son fonctionnement et j'allais y perdre ma santé. Ma nature positive prenant le dessus, j'ai pensé qu'il avait du cœur mais qu'il le cachait par souci d'efficacité professionnelle. J'ai donc décidé de lui obéir, tout le temps. Pas de doute, il m'avait domptée et je ne lui retirerais jamais ma confiance. Dès lors, un calme limpide m'envahit.

Imaginez ma surprise lorsque, le soir même, Agathe s'encadra dans la porte de ma loge pour m'annoncer d'un ton agressif :

— J'ai reçu du patron l'ordre de te licencier. Tu n'as pas le style Crazy. Tu manques de classe. Pars sur-le-champ.

Me fiant aux mots de la carte postale, je me dis qu'un homme capable de m'écrire aussi gentiment ne pouvait simultanément me virer comme un barbare. Bref, je flairai la supercherie. Le bon sens paysan, mon meilleur diplôme, me dicta la réponse juste à ma tourmenteuse :

— Si vous voulez me virer, il faudra employer la force.

Les mots étaient solides mais, terrifiée par ma

propre audace, je les avais prononcés en détournant les yeux. Il me faudrait encore du temps pour être rompue à ces luttes sordides et planter mon regard dans celui de mes ennemis. Toujours est-il que je suis revenue le lendemain. De nouveau l'ordre de dégager me tomba sur la tête.

— Je ne bouge pas tant que M. Bernardin ne me le demande pas, en personne, répondis-je.

Quand le patron finit par revenir, je me suis précipitée dans son bureau en lançant :

— Adieu, monsieur Bernardin ; Agathe et Sophia m'ont flanquée à la porte, je viens vous saluer.

La manœuvre l'a rendu fou. Les putschistes ne furent pas licenciées mais la semonce les secoua. Bernardin se fit prophète :

— Vous êtes cinglées. Lova ne partira pas. Elle va devenir la star du Crazy et vous allez devoir vous habituer à elle !

Je buvais du petit-lait. Elles eurent du mal à me pardonner mais durent m'accepter. Je venais de découvrir que l'autorité du patron n'était jamais entamée.

*

C'est évidemment Alain Bernardin qui m'a baptisée Lova Moor. Un nom que je n'ai pas aimé, le trouvant mou. Trucula Popo, Bettina Uranium, ça sonnait tout de même mieux, ça pétaradait même.

Lova Moor : Love Amour, L.M., elle aime, c'était un peu marshmallow. J'ai donc fait la moue.

— C'est ainsi et pas autrement. Tu prends ce nom ou tu quittes le Crazy.

Comment m'opposer au grand chef indien ? J'ai cédé.

En me donnant ce pseudonyme plein d'amour, peut-être pressentait-il la passion qui allait nous rapprocher quelques années plus tard. Il m'a d'ailleurs avoué bien après – dans un court moment de faiblesse – que le jour de notre première rencontre il s'était dit :

— C'est elle l'ange tombé du ciel que j'attendais. Elle sera ma femme.

Sans même me regarder, il aurait tout deviné. Je ne sais si c'est vrai – bien que je n'aie aucune raison d'en douter – mais j'aime cette idée d'un romantisme absolu.

Quoi qu'il en soit, ce nom de Lova Moor, je l'ai bien servi et il m'a bien servie. Je l'ai fait connaître dans le monde entier. Et, finalement, j'admets qu'il ne m'allait pas si mal.

*

Le jour est arrivé où j'ai dû avouer à maman que je n'étais pas éducatrice en banlieue mais danseuse dans un cabaret parisien. Fidèle à ses principes, ma brave mère a dit :

— Quand on est jeune et qu'on est belle on peut tout faire.

Tout ce que je faisais était formidable à ses yeux. Quelle chance j'avais de recevoir de sa part cette belle compréhension. Pareil pour mes frères et ma sœur. Ils m'ont toujours regardée comme le Martien de la famille, mais sans préjugés. Ils sont intelligents, généreux et courageux et je suis toujours leur princesse.

Quand Maman est venue pour la première fois au Crazy, je n'en menais par large. Heureusement, elle avait adoré. « C'est beau, les lumières sont belles, les filles aussi », avait-elle dit. Ce qui m'avait étonnée de la part d'une femme qui n'avait jamais rien vu de sa vie, était intelligente mais peu férue de spectacle. Elle avait même apprécié Rosa Fumetto, le numéro le plus érotique de la soirée. « Quelle coquine ! » m'étais-je dit, étonnée que ma propre mère s'encanaille.

J'avoue que je n'ai pas eu le courage de danser devant elle. Alors qu'elle m'avait vue dans ma tenue d'Ève à longueur de journée, que je l'avais aperçue nue aussi, qu'il n'y avait aucune pudeur à la ferme et jamais de gêne entre nous, pour le spectacle je n'ai pas osé. Peut-être par timidité, peut-être parce que j'avais peur de ne pas être à la hauteur et de la décevoir. Qui sait ?

Lors de ce séjour à Paris, je l'avais aussi emmenée admirer le show du Lido dont, comme moi, elle avait raffolé à la télévision. Je fus très étonnée toutefois de la voir, durant toute la soirée, ne pas s'intéresser aux filles géantes, emplumées et strassées, mais aux spectateurs.

— Mais qu'est-ce qui t'attire tant derrière toi ? lui demandai-je.

— Des femmes nues, j'en ai déjà vu. Des Chinois jamais ! répondit-elle, imperturbable.

Chapitre 11

Coulisses

J'avais répété un solo dont l'idée m'était venue spontanément.

Assise en guêpière sur une chaise qui tournait, les reins cambrés comme Joséphine Baker, j'étais équipée de tout l'attirail de la séductrice de cabaret : le chapeau haut de forme, le boa noir et le fume-cigarette au bec. Et je chantais en play-back sur la voix caverneuse de la chanteuse américaine Eartha Kitt, tout en roulant des prunelles. J'avais des yeux de pharaon, très étirés sur les tempes, et une bouche immense. Le contraste entre cette voix très grave, mon corps de poupée et mes mimiques clownesques s'avérait extraordinaire. Tout le monde riait ; ce n'était pas un numéro érotique mais comique. Pour échapper au trac, je m'imaginais faisant la folle pour amuser maman et je me retrouvais totalement libérée, parfaitement à l'aise.

Dès les premières représentations, j'ai fait un tabac. Les touristes américains en particulier adorèrent ce numéro et m'applaudirent à tout rompre. Avec le bouche à oreille, tout Paris se mit à accourir. Je suis très vite devenue la star annoncée par le boss. Avec une victoire en plus : c'était le public qui m'avait sacrée.

★

Pourtant, je guettais toujours un sourire, un signe d'encouragement de M. Bernardin, lequel restait distant, lointain, dédaigneux même. Parfois injuste, souvent odieux, toujours la poigne de fer. Que fallait-il donc pour parvenir à l'amadouer ? Je ne trouvais toujours pas la réponse. Lui s'en donnait à cœur joie et jouait avec ma crédulité. Il m'a ainsi fait croire un jour qu'il avait tué deux hommes et qu'ils étaient enterrés sous les loges des danseuses. L'idée de me terroriser l'amusait. Quand j'ai compris qu'il s'agissait d'une taquinerie, je suis entrée dans son jeu. « Si tu m'embêtes, je vais tout dire à la police », lui dis-je. Cela le fit rire. Et pendant des années, ce fut notre phrase fétiche.

Sa vie c'était le Crazy et le Crazy c'était lui. Alain Bernardin était présent chaque jour, du début de l'après-midi à la fin du spectacle. Il assistait aux répétitions, aux auditions, avec le chorégraphe, le perruquier, le costumier et

M. Capobianco le bottier. Au final, il virait tout le monde, ne gardait qu'une danseuse et la faisait répéter. Moi, la naïve Charentaise, ça me travaillait : que pouvaient-ils faire en tête à tête ?

En revanche, j'avais repéré une de ses tactiques : selon l'applaudimètre, il intervertissait les numéros. La danseuse la plus ovationnée passait la dernière, en vedette, la place évidemment la plus convoitée. Dès lors, la lutte battait son plein entre les danseuses. Dans sa grande perversion, Bernardin se régalait. Il inondait de compliments sa star du moment, tandis que les autres se trouvaient accablées de tous les défauts. Il les humiliait jusqu'à ce qu'elles donnent leur meilleur pour sortir du troupeau. La compétition était relancée sans arrêt. Pour remotiver les anciennes un peu usées par la routine, il n'y avait pas mieux. Bernardin divisait pour mieux régner et les filles étaient toutes soumises. Tel le coq dans sa basse-cour, il ne lui restait plus qu'à choisir sa poule. Et à la conduire dans un boudoir minuscule aux murs recouverts de photos de danseuses (par la suite il y en eut de nombreuses de moi) où seule son amoureuse du moment avait le droit de pénétrer.

★

Évidemment la rivalité entre les filles était « sanglante ». Elles se bousculaient pendant le spectacle, se volaient les maquillages. Dans les loges, pour des peccadilles éclataient des conflits terribles, des chamailleries sans fin. Dès les débuts du Crazy, la jalousie régna. À croire que toutes les danseuses étaient des vaniteuses à l'ego hypertrophié. Mais n'est-il pas normal, après tout, de se comporter ainsi quand on choisit de s'exhiber ?

Rita Renoir, la première d'entre toutes, en témoigna : « Nous étions si jalouses les unes des autres et nous avions un tel mauvais caractère que notre loge connut quelques sacrées bagarres. » Rita Cadillac en a conservé des souvenirs piquants : du poil à gratter était de temps en temps astucieusement saupoudré dans ses costumes de scène, de quoi se contorsionner furieusement ! Elle se souvient également d'une belle Suédoise qui fit une entrée voluptueuse mais s'effondra brutalement les quatre fers en l'air : ses talons, artistiquement sciés, avaient cédé sous son poids. Une autre perdit son slip en scène : méthodiquement décousu, il avait lâché au premier mouvement. Sans parler des vêtements personnels lacérés dans les loges.

Un quart de siècle plus tard, quand j'y étais, rien n'avait changé. Les « Ça va ma vieille ? » étaient gentillesse comparés au croche-pieds en scène et aux brûlures de cigarette « accidentelles ». Je me souviens aussi qu'il m'arrivait souvent de ne pas quitter le cabaret avant 4 heures du matin parce que, petite dernière, je devais attendre des heures avant de pouvoir débarrasser mon corps de son maquillage : on passait à la douche par ordre d'ancienneté...

— Tu as mauvaise mine, tu devrais dormir plus, me rabroua un soir le boss.

— Ce n'est pas une question de sommeil, répondis-je, en lui racontant le temps perdu dans les douches.

Une bonne colère, tout rentra dans l'ordre et je pus me frictionner au gant de crin dans des délais raisonnables.

Quand on pense que cette rivalité existait seulement pour obtenir l'amour du patron et être la première dans son cœur, on a une idée du magnétisme de cet homme.

*

Heureusement, selon les affinités, les clans, nous savions aussi nous entraider. Finalement, si des choses nous divisaient, un rien détendait l'atmosphère et nous ressoudait. Je me rappelle avec tendresse de Lily Paramount qui, avant d'entrer en scène, me donnait une représentation particulière. Elle mettait ses chaussures de danseuse, sa perruque rousse, son boa turquoise, son microshort et, de dos, devant moi, faisait tomber quelque chose, se penchait en arabesque. Évidemment on ne voyais plus que ses fesses et je riais, riais comme une folle. La gentille Lily a épousé par la suite le producteur Paul Lederman.

Des centaines de danseuses se sont produites au Crazy. Certaines, à la belle personnalité, ont déchaîné les passions et connu un destin hors norme.

Je me souviens ainsi de Rosa Fumetto, l'Italienne. Bernardin avait découvert sa mère dans un cabaret de Milan et lui avait proposé un contrat. Refus de la maman qui avait une famille à charge, mais qui, à son grand étonnement, lui avait proposé une remplaçante : sa fille, tout juste âgée de dix-huit ans. Coupe au bol à la Jeanne d'Arc, vêtement de couventine, la petite à la bouche gourmande et le regard canaille fut tout de suite tentée par l'aventure. Il l'a ramenée à Paris et créa pour elle un numéro dont le Vésuve était le thème. Son succès fut immense puisqu'elle parvenait à l'aide d'une simple corde à faire jaillir un torrent de perversité espiègle. Johnny Hallyday y était très sensible, lui qui la fréquenta pendant quelque temps. Elle devint une petite vedette et joua même dans un film. Elle aurait pu faire de grandes choses mais, complètement excentrique, dépensière et indisciplinée, elle est passée à côté d'une vraie carrière.

Bonita Super, somptueuse blonde pulpeuse, ressemblait comme deux gouttes d'eau à Marlene Dietrich. Lovée dans de grands boas sur un canapé blanc, elle tournait en chantant une chanson de Loulou Gasté, qu'elle fascinait. Il l'emmenait dîner à la Calavados, avec l'accord de Line

Renaud, sa femme, qui était meneuse de revue à Las Vegas à ce moment-là. Jacques Dutronc était fou d'elle – pardon à Françoise Hardy – et venait l'attendre tous les soirs à la sortie. Elle avait économisé pour s'acheter un pur-sang qu'elle montait le matin au bois de Boulogne. La classe.

Rubis était une Suissesse qu'entre nous on appelait Toto. Le fils d'un ministre en était très épris. Caché derrière un pilier il venait chaque soir l'admirer. Leur love story s'est mal terminée et Rubis a été très malheureuse. Depuis – je rassure tout le monde – elle a épousé un homme merveilleux et très riche de Lausanne (il a de nombreux hôtels). Ils ont deux enfants et elle est toujours très belle.

Stella Patchouli était fille de l'ancien gouverneur d'Abadan, eldorado persan du pétrole. Alors en pleine gloire, Michel Polnareff était fou de ses cheveux qui tombaient jusqu'aux fesses. Son numéro, très érotique, sur la chanson de Marcel Zanini « Tu veux ou tu veux pas », excitait au plus haut point le chanteur de « la poupée qui dit non ». Il squattait le premier rang tous les soirs, concurrencé par Yves Mourousi dont le cœur battait aussi pour Stella. Folle d'Elvis Presley, elle est partie aux États-Unis où elle a pu l'approcher en devenant sa costumière.

Alexandra Lorska, ex-première danseuse de l'Opéra de Varsovie, avait travaillé, elle, avec le grand Serge Lifar. D'une rare beauté elle a fait ensuite une carrière de comédienne au théâtre, ce qui est plutôt rare. Vodka Samovar, Rita Xenon, Rita Cadillac ont, elles aussi, eu des petites carrières théâtrales. Je pense encore à une autre Polonaise, Galia, qui faisait un solo avec un casque allemand et qui s'est suicidée. Nous n'avons jamais su pourquoi mais avons fleuri sa tombe pendant des années. Il y eut aussi Vicky Toboggan, une grande brune superbe, qui faisait un numéro de gogo dancer, habillée en hippy ; Bibi Accoustik, présentée par Jacques Morali ; Anna Portobello, mariée ensuite à un centralien et mère de deux enfants ; Prima Symphony, très belle brune qui offrait un acte haletant sur « Déshabillez-moi » la chanson de Gréco et habitait encore chez ses parents ; Capsula Poppo, très belle blonde germanique ; Miko Miku, une Asiatique minuscule que Bernardin avait mise dans un puits d'où n'apparaissaient que sa poitrine et sa longue chevelure. Et encore Bettina Uranium, Viola Vibrato, Bertha von Paraboum, Maria Toxado, Victoria Nankin, Cora Lazzuli, Rose de Bratislava. Je ne les ai pas toutes parfaitement connues mais je les nomme pour le seul plaisir d'évoquer leurs pseudonymes extravagants sortis de l'imagination fertile de celui qui allait devenir mon mentor.

« Le prince de l'imaginaire », surnommé ainsi par le peintre Mathieu, se souvenait d'ailleurs avec précision de toutes ses danseuses, de leur passé comme de leurs destins après leur départ du

Crazy. Même celles qui n'étaient restées que six mois étaient inscrites pour toujours dans sa mémoire. En plus de quarante ans, il n'en a jamais oublié aucune.

★

Nos loges étaient presque luxueuses, propres en tout cas : moquette neuve, glaces impeccables, sièges fonctionnels. Le confort est essentiel pour le moral. « J'aime trop les femmes pour leur infliger de vivre dans l'inconfort », disait Bernardin. En échange, pas question de badiner avec la discipline. Nous devions arriver au plus tard quarante minutes avant d'entrer en scène et actionner la pointeuse : un panneau placé au-dessus de l'appareil le rappelait. Aucun laxisme, de la rigueur en toute chose. Pour dompter vingt-quatre pouliches ensemble, toutes capricieuses, il fallait des règles strictes. Deux anciennes danseuses, appelées « capitaines », veillaient au grain. Nous nous pliions à cette loi car nous savions travailler dans le plus célèbre cabaret du monde. Nous recevions un salaire très confortable dont 20 % étaient placés automatiquement sur un compte-épargne, le patron voulant nous protéger contre nous-mêmes. Il nous rappelait sans cesse qu'on ne dure pas dans ce genre de carrière, qu'il fallait penser à l'avenir, acheter un appartement, un commerce. Il n'hésitait jamais à donner une enveloppe bien garnie à une « pensionnaire » dans le besoin. On le voit, quand il le fallait, le despote savait être un bon papa. Ce n'est pas si courant dans le milieu du show-business.

Les collégiennes, pardon, les danseuses, sortaient du cabaret trente minutes après que tout le public soit parti. Des taxis, payés par Alain Bernardin, les attendaient devant la porte. On les y engouffrait. Le bon père voulait ses filles vertueuses, inapprochables et mystérieuses, pour mieux les distinguer des autres créatures de la nuit. Il savait, lui, combien était fragile la lisière qui les en séparait.

Après elles faisaient ce qu'elles voulaient. Évidemment, elles filaient souvent en discothèque et les plus belles se voyaient courtiser comme des reines, proposer monts et merveilles. Des hommes n'hésitaient pas à se ruiner pour les filles du Crazy. Entre 1976 et jusqu'à la mort d'Alain Bernardin, les danseuses ont été considérées comme des stars ; partout où elles allaient le tapis rouge était déroulé. Mais dans l'enceinte du Crazy, elles étaient à la botte du boss. La seule star c'était lui !

⋆

Alain était merveilleux, mais quel dictateur ! Il tenait vraiment son cabaret comme un collège où les classes refusaient la mixité. Par contrat, il était en effet interdit aux danseuses d'aller dans la salle ou au bar, de lier conversation avec un spectateur. Interdiction également de nouer des liens affectifs avec le personnel masculin. Un fantaisiste qui se produisit pendant cinq ans au Crazy s'étonna dans ses mémoires : « Quand je salue une fille, aucune réponse ! Ai-je la lèpre ? Un soir, la capitaine, l'adorable Polly Underground, me dévoile le mystère : elles n'ont pas le droit de parler aux hommes et cela sous peine d'être virées. De toute façon au Crazy tout est défendu. Sauf ce qui est exceptionnellement autorisé. Comme par exemple fermer sa gueule et travailler dans le silence. »

Bien entendu, les loges étaient interdites à tous. Même aux célébrités. J'en ai vu dans la salle des chanteurs, des comédiens, des metteurs en scène, des peintres, de toutes nationalités. Mick Jagger (qui, profitant du tournage d'un clip vidéo, m'a draguée éhontément), Prince, Michael Jackson, De Niro aussi. Tous sont venus, mais aucun n'est parvenu à se faufiler en coulisse pour y faire sa cour. Jerry Lewis avait envoyé une somptueuse gerbe de fleurs mais n'en a pas pour autant obtenu l'autorisation d'entrer : tout glorieux qu'il était, il s'est fait virer quand il a essayé. Seul endroit permis : le bureau d'Alain Bernardin, l'antre du Maître. Même la star des stars, Madonna, a sacrifié au rituel.

Déjà, elle me fascinait. Je connaissais bien le couturier Jean-Paul Gaultier qui l'habillait et lui avais fait promettre de nous l'amener. Il tint parole, alors que cela ne dut pas être simple à organiser. Madonna est arrivée avec sa cour d'une quinzaine de personnes et de nombreux gardes du corps. Ce même soir, Azzedine Alaïa était lui aussi dans la salle en compagnie des plus grands top-models de la planète. Il a donc fallu faire preuve de diplomatie. Impossible pour Madonna de descendre dans le bureau de Bernardin avec le menu fretin. Naomi Campbell et les autres mannequins ont dû laisser le passage à la Madone et attendre patiemment leur tour. Un embouteillage d'egos ! Mais le Crazy en avait vu d'autres.

J'ai joué le Go-Between et m'en suis bien tirée : j'ai accompagné Madonna et Jean-Paul chez Alain. Debout, il l'a accueillie d'un « Hello ! Clara Boo » du plus bel effet. Madonna a ri. Enfin décoincée, elle lui a fait part de son admiration.

— J'aimerais que vous soyez le metteur en scène de mon prochain spectacle, lui a-t-elle dit.

Pour des tas de raisons, il n'a pas pu y collaborer, mais Madonna a répété dans toutes les interviews qu'elle avait puisé des idées dans le spectacle du Crazy. Quelle publicité ! J'ai vu le show de cette grande dame, et elle s'en était effectivement inspirée !

Chapitre 12

Amours cachées

Puisque danser au cabaret n'assouvissait pas ma frénésie de rythme, je continuais à passer des nuits avec mes copines dans les boîtes à la mode. Toutes les célébrités de l'époque, les « people » comme on les appelle maintenant, nous faisaient gentiment la cour. Johnny Hallyday, Michel Sardou nous invitaient à leur table mais nous n'en avions que faire, désireuses seulement de danser et de jouer les folles. D'ailleurs, pour moi ces vedettes ne représentaient pas grand-chose puisque je ne les connaissais pas ou à peine. Dans ma pauvre enfance, maman n'achetait jamais de journaux et j'ai longtemps tout ignoré du monde des paillettes. Le peu que je savais me venait de copines, qui lisaient plus que moi et m'assuraient de temps en temps le compte rendu des derniers potins. Mon indifférence à l'encontre des stars relevait donc uniquement de l'ignorance. Ni mépris, ni stratégie dans mon attitude, croyez-moi.

*

Mon chemin avait croisé celui de Claude François, peu avant sa mort. En discothèque, bien sûr. Sans doute séduit par mon habileté sur la piste, il m'avait proposé de faire partie de ses danseuses, les célèbres Clodettes. Comme l'idée ne m'intéressait pas, je n'ai pas répondu et j'ai continué à danser. Étais-je idiote ou insouciante ? Ou les deux à la fois ? Il faut me comprendre, j'allais chez Régine, chez Castel, je rencontrais tout le monde et Cloclo, malgré sa gloire, ne m'a pas plus impressionnée que les autres.

*

C'est en en boîte encore que j'ai connu Gunther Sachs, milliardaire et play-boy. Un temps époux de Brigitte Bardot, là il était marié à la jolie Mirja. Quand Gunther venait s'amuser à Paris, il logeait au Plaza et se retrouvait donc mon voisin. Son premier geste n'était pas de défaire ses bagages mais de laisser flotter un grand drapeau américain à la fenêtre de sa chambre. De mon logement de l'avenue Montaigne, j'apercevais l'oriflamme et je battais illico le rappel parmi les oiseaux de nuit pour entamer la sarabande de folles et interminables équipées. Nous allions généralement à l'Élysée-Matignon, la boîte branchée de l'époque où Gunther me faisait une cour gentillette, « flirtant » aimablement avec moi jusqu'à 4 heures du matin sans aller plus loin. Mirja pouvait dormir sur ses deux oreilles. Parfois nous attendions l'aube au Bar des Théâtres, en bas de chez moi, à discuter encore et encore. Alors je ne me couchais pas et partais directement aux répétitions, fraîche comme un bouton de rose.

★

Une des rares fois où je n'ai pas pu entrer chez Castel, ce fut à cause de Fabio, un bel Italien fortuné, client lui aussi du Plaza, par ailleurs baratineur de première.

— Jamais je ne pourrai plus regarder une autre femme que toi, je t'aime tellement, prétendait-il pour me faire céder à ses avances.

Or, le soir même de cette déclaration définitive, je me suis cassé le nez à la porte du night-club. Ce refus étant trop inhabituel pour n'être pas intrigant, j'ai fait ma petite enquête et découvert plus tard que le frivole Fabio s'y trouvait en réalité avec ma meilleure amie. Il s'était arrangé avec le portier pour que je ne puisse pas l'y surprendre en train de me tromper. Je ne lui en ai pas voulu, flairant de loin les cocos dans son genre et ne misant jamais dessus.

⋆

En réalité, si rien de tout cela ne semblait compter pour moi, c'est que la rencontre la plus importante de ma vie avait déjà eu lieu, bien des mois auparavant. Si je me permettais de laisser soupirer tous ces beaux et riches garçons c'est que mon cœur était déjà pris. Cette grande histoire, toujours restée secrète, je la dévoile aujourd'hui dans ce livre de vérité.

Débarquant à Paris, on s'en souvient, c'était la toute première fois que je mettais les pieds en boîte. Je n'avais pas de paille dans mes sabots, mais presque. Dans la foule, malgré la pénombre, un beau brun se distinguait. On ne voyait que lui et j'ai toute de suite été captivée. Il me trouva visiblement lui aussi à son goût puisqu'il tenta aussitôt de me séduire. En me récitant du Verlaine. Quelle barbe, me dis-je ! Comment apprécier des vers, aussi beaux soient-ils, quand les décibels vous prennent la tête. Il aurait mieux fait de m'inviter à danser. Aimantée par la piste, je l'abandonnai donc à ses poèmes pour livrer mon corps à la musique.

Le beau brun, c'était Alain Delon, la star n° 1 du cinéma français.

Pourquoi ne l'avais-je pas reconnu ? Parce que dans mon village il n'y avait pas de cinéma, et, aussi incroyable que cela paraisse, je n'avais encore jamais vu de film. Alain Delon, j'en avais donc à peine entendu parler. D'où mon manque d'émotion à écouter la cour poétique de celui dont toutes les femmes rêvaient. Homme comblé aux innombrables succès, il n'a sans doute conçu aucune amertume à être ainsi traité en quantité négligeable par une fraîche et jolie petite paysanne. Aux innocents les mains pleines : inconsciente de l'offense faite à la star, l'oie blanche se déhanchait en cadence sans remords. N'imaginant pas le trésor qu'elle négligeait ni même l'émoi que créait sur lui son corps lascif.

Nous nous rencontrâmes par hasard, quelque temps plus tard, avenue Montaigne où je venais d'emménager. Je marchais tranquillement quand j'entendis quelqu'un crier « Hello, miss » mais ne me retournai pas. Je sentis alors une tape sur mon épaule et fus bien obligée de m'arrêter. C'était lui. Je le regardai, feignant de mon mieux de ne pas me souvenir de lui, m'attachant à n'afficher ni surprise ni émotion.

— Me reconnaissez-vous ? me demanda-t-il en m'envoyant son sourire ravageur en plein visage.

Parvenant à garder mon contrôle, je répondis :

— Non, monsieur. Et je ne m'appelle pas Miss.

Rabroué une fois de plus mais galant homme, Alain Delon me dit :

— Mademoiselle, vous êtes roulée comme un cigare.

J'étais fine, déliée, mon corps musclé avantageusement moulé dans un pantalon corsaire noir. Mes cheveux étaient alors blond platine, mon nouveau look pour le spectacle du Crazy où j'allais bientôt commencer. Faisant mine d'être coutumière de ce genre de compliments, je ne répondis pas. Son œil « frisait » et, de sa voix gourmande, il murmura dans un souffle chaud :

— Appelez-moi.

Il me tendit son numéro de téléphone griffonné sur le rabat de son paquet de cigarettes. Sans rien promettre, je m'éloignai lentement en me balançant, bien consciente de l'impact que pouvait avoir sur sa libido ma silhouette « de la Havane ».

Je me demande encore comment j'ai pu, moi si timide, jouer sans trembler avec les nerfs du séduisant acteur et surtout résister à son numéro de charme. Mises dans la confidence, quelques-unes de mes amies me traitèrent de folle de refuser la chance d'une aventure avec l'homme le plus convoité de France et de Navarre. Mais moi, j'avais le temps. Je préférais me laisser porter par le destin.

Et je n'avais pas tort puisque j'allais le retrouver bientôt sur ma route. Notre troisième rencontre fut en effet décisive et marqua le début d'une belle histoire d'amour et, plus tard, d'amitié.

Je commençais tout juste à faire partie du spectacle du Crazy. Il y avait deux représentations chaque soir. Entre les deux, les danseuses pouvaient sortir et nous en profitions pour dîner au restaurant entre copines. Un soir, au fond de l'établissement que nous avions choisi... je vis Alain Delon en train de dîner. Décidément...

Quelques minutes à peine après notre entrée, le maître d'hôtel me chuchotait à l'oreille que M. Delon m'invitait à sa table.

— Je ne me déplace pas aux tables des messieurs, répondis-je, hautaine, au messager. Je préfère danser.

Et de me ruer, comme à mon habitude, sur la piste.

Sûre de l'effet qu'avait mon corps de déesse sur l'assistance, je m'agitais comme une liane, entourée de mes copines qui en faisaient elles aussi des tonnes pour faire monter l'adrénaline. Chacune espérait, sans oser l'avouer, être admirée par le bel Alain. Delon s'est alors levé, suivi de ses amis, et ils se sont arrêtés à notre hauteur. Plantant son regard dans le mien et me décochant un sourire à faire pâmer une guerrière féministe, il m'a susurré :

— Vous m'avez vaincu, c'est moi qui viens à vous. Acceptez-vous de venir souper chez moi avec vos amies ?

Comme il était temps d'arrêter de jouer les effarouchées, sans nous concerter nous les avons suivis. Surexcitées par l'aventure, nous en avons même oublié de retourner au Crazy pour le second spectacle. Il paraît que, dans une autre vie, nous étions danseuses et avions une représentation à donner... Bernardin a été tellement fou de rage qu'à la suite de notre escapade, il a fait changer le règlement intérieur et a interdit aux danseuses de sortir entre deux passages.

Dans l'appartement d'Alain Delon, le petit Anthony, gardé par une nurse, attendait le retour de son papa avant d'aller dormir. Après quelques câlins, Delon l'a mis au lit. Ensuite ce fut mon tour...

Sortie de la piste de danse, je redevenais toujours timide et le gros bébé charentais resurgissait. Pas, toutefois, au point de passer pour la copine de crèche de Delon Junior et de me coucher comme les poules. Pourtant... la scène s'est déroulée comme dans un film en cinémascope : Alain m'a enroulée dans une grande couverture de fourrure et m'a emportée dans ses bras. Il souriait, me parlait gentiment tandis que je tremblais de tous mes membres. Quel pro ! Jusque-là c'était un sans faute. Il m'a alors emmenée dans sa chambre, j'étais au bord de l'évanouissement. Puis il m'a déposée sur le lit immense, a éteint la lumière et... est parti dans la cuisine faire ripaille avec ses amis et les miennes. À quoi rimait ce cinéma ? Ce n'était donc qu'un court-métrage ou – pire – un interlude ?

De ma couche, j'entendais la troupe rigoler. J'aurais bien aimé manger moi aussi mais je ne tenais pas à rompre le charme étrange de la situation. Je m'ennuyais ferme sous ma fourrure mais ne bougeais pas, paralysée par les questions idiotes : Fallait-il faire semblant de résister ? Rester passive ? Où était la salle de bains ? J'admirais en tout cas le stratège : en m'envoyant coucher en même temps que son fils, Delon était sûr que je serais dans un lit. Tandis que je n'en finissais pas de me noyer dans l'expectative et de me perdre en conjectures, les rires fusaient de la cuisine. Finalement, tout le monde a gentiment été congédié et Alain Delon m'a rejointe dans sa chambre.

Il s'est déshabillé sans un mot. Intimidée, j'osais à peine le regarder mais j'ai vu immédiatement qu'il était splendide, l'homme parfait sur le plan physique. Moi qui aime tant la nature je dirais même : beau comme un animal sauvage. Dans toute la splendeur de sa virilité. Il m'a déroulée de la couverture de fourrure... Mon petit cœur battait à tout rompre.

Je possédais un beau corps, j'étais délurée sur une piste, j'apparaissais sur scène en créature sexy, mais au lit je n'avais aucune expérience. Eh oui : quand j'écris que j'étais un gros bébé c'est vrai. Avant cette nuit je n'avais connu qu'une brève expérience, à mon arrivée à Paris, vers dix-neuf ou vingt ans, avec un jeune homme dont j'ai oublié le nom. Une seule ! En fait, j'étais en retard sur le plan sexuel par peur des hommes. Même lorsque je sortais frénétiquement en discothèque à Paris, je me collais toujours à une copine pour échapper aux prédateurs, véritable paradoxe vivant : par la danse je simulais la lascivité et la lubricité mais je refusais de me laisser réellement approcher. J'en ai déçu beaucoup des hommes faciles !

Arrivée vierge de la Charente, je l'étais donc quasiment encore. Et Alain Delon a dû tout m'apprendre.

— Tu étais comme une commode à secrets, j'ai dû déverrouiller tous les tiroirs, me dira-t-il plus tard.

C'est ainsi qu'a commencé notre histoire.

*

Il habitait rue François-Ier et moi avenue Montaigne. Nous étions donc voisins, ce qui se révéla pratique. Nous nous rencontrions l'après-midi au Bar des Théâtres. J'étais encore d'une timidité maladive et pleine de pudeur. Nous parlions beaucoup. J'écoutais, j'apprenais, comme une petite fille à l'école, puis nous allions chez moi ou chez lui. Il était fou de ma silhouette, qui le transcendait. Nous nous aimions voluptueusement mais notre histoire n'était pas uniquement une affaire de sexe et de corps. Nous nous aimions les yeux dans les yeux, il me couvrait de mots d'amour, déposait des billets doux sous mon paillasson, que je gardais précieusement. Je pense qu'Alain Delon éprouvait des sentiments pour moi. J'étais également folle amoureuse de lui. Il avait d'ailleurs tout fait pour que je tombe amoureuse. C'était un prince charmant, peut-être celui dont j'avais rêvé.

Moi, si jeune, si inexpérimentée, j'avais rencontré cet homme fabuleux et flottais dans l'irréel. Le paradis se nichait dans le VIIIe arrondissement et j'aurais voulu ne jamais le quitter.

Alain Delon, un jour, eut envie de me faire un enfant. J'aurais dû exploser de bonheur, remercier les bonnes fées qui s'étaient penchées sur mon berceau mais j'ai refusé et me suis esquivée. Avec ma jugeote de paysanne, j'avais en effet compris qu'un homme comme lui n'appartenait à personne. Dans mon lit, c'était un beau brun et nous nous éclations, mais dans la vie il était Alain Delon, une star courtisée, un homme couvert de femmes. Même si nous avions un enfant, des enfants, il ne serait jamais tout à fait à moi. Je ne sais pas s'il a compris mon attitude car je me suis ingéniée à toujours lui cacher mes sentiments profonds. Cet homme était un bonbon délicieux, merveilleux à savourer mais fondant...

Le salut se cachait donc dans la fuite. Une solution pour laquelle j'ai été aidée par le fait d'être du signe du poisson : à cause des écailles, je glisse entre les doigts et on ne peut m'attraper facilement. Je m'échappais donc tout le temps, de sorte que c'était à lui de me courir après. Conséquence, nos retrouvailles se révélaient merveilleuses. À mon sens, ce jeu a permis à notre relation de durer aussi longtemps puisque pendant quinze ans j'ai vu Alain dans le plus grand secret. Très peu de personnes étaient dans la confidence et nous sommes parvenus à ne jamais être surpris par la presse.

★

Nouvelle héroïne de *Back Street*, nous ne sommes jamais allés ensemble dans une soirée « officielle », mais je m'en trouvais très bien ainsi, heureuse d'engranger de formidables souvenirs avec lui. Des choses insignifiantes mais aussi de grands moments, comme en connaissent tous les amants du monde.

Lorsque nous allions en boîte, il aimait que je m'habille très court. En short au ras des fesses si possible, parce qu'il jugeait que j'avais les cuisses les plus bandantes de la terre, musclées comme celles d'un cycliste. Il en avait les sens à l'envers. Entouré de sa cour, il s'asseyait non loin de la piste et me regardait danser. Et je dansais, dansais des nuits entières, consciente que mon corps de feu et de rêve troublait les hommes. Moi-même j'étais troublée par l'émoi que je créais. Toutefois, si quelqu'un s'avisait de m'approcher, Alain n'hésitait pas à provoquer une bagarre, se montrant très protecteur avec moi. De mon côté, je me demandais sans cesse comment cet être aussi beau pouvait m'admirer moi, pauvre campagnarde, et me trouver belle.

Un soir, nous rentrions de discothèque quand Alain avisa un jardin public, bien tranquille sous la lune. Or faire l'amour dans la rue représentait justement son grand fantasme et ce joli jardinet si tentant, était là, tout près. Peu contrariante, j'acceptais tout de lui. Comme il n'y avait personne dans les parages, je me suis laissée allonger sur l'herbe. Les sens en complète ébullition, nous nous sommes enlacés avec fougue, pressés, excités par la peur d'être vus. Mais soudain le sol se mit à remuer sous moi. Affolée, j'ai repoussé Alain et me suis relevée en hurlant. Nous nous étions accouplés sur un clochard ! Nous l'avions écrasé et réveillé, le pauvre. Nous nous sommes sauvés comme des voleurs... en hurlant de rire.

Un autre jour, Alain Delon m'a annoncé qu'il m'emmènerait prochainement à une première, au Lido. Un événement dans ma vie de petite maîtresse cachée. Je me suis donc précipitée chez l'un de mes couturiers préférés, Loris Azzaro, et suis revenue avec une magnifique robe du soir brodée de perles. Impatiente de me faire admirer dans une telle splendeur, je l'ai enfilée le soir même.

— Mais qu'est-ce que tu portes ? me demanda Delon.

— C'est ma tenue pour le Lido, elle est belle, n'est-ce pas ?

— Tu peux la ranger, c'est annulé.

J'ai replié la parure et ne m'en suis jamais servie. Est-il allé à la soirée avec une autre femme ? Je n'ai jamais su. J'avais vingt ans, je ne me posais pas de questions compliquées.

Pendant qu'il tournait *Le Toubib* avec Véronique Jeannot, je lui ai rendu visite aux studios de Boulogne. Une fille en blouse blanche est passée le voir dans sa loge :

— Elle est mignonne ta maquilleuse, lui dis-je.

Sourire silencieux et ironique d'Alain : la maquilleuse n'était autre que Véronique Jeannot, l'autre vedette du film. Un rôle que je n'ai découvert qu'à l'écran. Est-ce ma naïveté qui l'excitait ? En tout cas, il m'a prise dans ses bras, m'a tendrement câlinée, puis nous avons fait l'amour sur le bureau de fer, très longuement malgré l'inconfort, merveilleusement. Je me suis recoiffée avant de partir et lui a repris son tournage comme si rien ne s'était passé.

Cela m'amuse, aujourd'hui, quand ses films sont diffusés de me dire : « Tiens, juste avant cette scène nous avons fait l'amour » ; « Tiens cette croix qui orne son cou je la lui avais offerte à telle occasion. » Certains feuillettent leur album de famille, moi j'allume la télévision et les bons souvenirs affluent. Parfois aussi les mauvais...

⋆

Une fois, une seule, cela a bardé entre nous. Delon tournait en Italie. Son agent Pierre Caro m'avait téléphoné :

— Alain est à Rome, il veut que tu le rejoignes.

J'ai fait mon sac rapidement, folle d'excitation à

l'idée de retrouver mon amoureux dans une somptueuse maison romaine – j'ai appris plus tard qu'elle appartenait à Annie Girardot. Un dîner étant prévu le soir même avec les acteurs du film, j'ai pensé faire honneur à toutes ces stars en enfilant une robe du soir. Vite, j'ouvre ma valise et choisis ma plus belle tenue. En arrivant au bas de l'escalier monumental, toute fière de mes atours somptueux, j'attendais un compliment ou au moins un sourire complice quand la voix de Delon me glaça :

— Tu es ridicule, remets ton jean.

La soirée commençait bien ! J'aurais dû me méfier. À table la conversation s'enlisait, l'ambiance était sinistre, on aurait cru une soirée funèbre. Croyant dégeler l'atmosphère, je pris l'initiative de raconter notre vol agité, plein de trous d'air. Le flop ! Nos péripéties aériennes n'amusèrent aucun de ces snobinards romains. Lugubre, Delon s'adressa alors à Caro :

— Dis-lui qu'elle se taise.

Mon sang ne fit qu'un tour. On n'humilie pas les gens de la terre, et si Delon l'ignorait, il l'apprit ce soir-là. Furibarde, je me suis levée et ai renversé des spaghettis sur sa tête. J'ai pris le temps de casser l'assiette au sol avant de m'enfuir dans les étages quatre à quatre. Delon m'a coursée, bien sûr, un seigneur comme lui ne pouvant rester sans réagir, mais la fille des bois fut plus rapide que le félin et je suis parvenue à m'enfermer dans ma chambre, terrorisée. La star n'a pu que tambouriner sur ma porte en hurlant :

— On ne m'a jamais humilié comme ça ! Tu me le paieras.

Désespérée, maudissant mon sang chaud, je suis restée cloîtrée la nuit et la journée suivante, ignorant comment s'était achevé cet affreux dîner. À force de conviction, et parce que nous avions un vol à prendre, Caro a réussi à me faire sortir de mon refuge. Je suis descendue avec mon sac et me suis retrouvée à table, face encore à une assiette de spaghettis et Alain, terrorisée à l'idée de l'affronter. Delon ne m'a pas regardée, ne m'a rien dit, jouant la carte souveraine du mépris !

— Ce fut sa façon de t'humilier, m'expliqua Caro à bord de l'avion. Il ne frapperait jamais une femme mais il s'est vengé en t'ignorant.

Plus tard, lorsque je me suis réconciliée avec lui, Alain m'a lancé, encore tout abasourdi :

— Jamais une femme ne m'a fait ça, ma Totoche ; tu pourras t'en vanter.

Pour Alain Delon, je n'étais pas Lova Moor, mais Totoche ou Toche, le petit soldat, parce que je m'habillais parfois à la mode en petit mec avec pantalons beiges, blouson d'officier américain. J'avais un côté androgyne, malgré toute ma féminité, et lui me glissait du « Mon petit soldat » dans l'oreille, de sa voix de miel.

⋆

Le Crazy, un cabaret
où l'art du nu se trouvait
à son summum,
où les tenues étaient
autant de tissus,
de peau que de lumières.
Du sexy mais jamais
de vulgarité.

En panthère scintillante
et sensuelle, le numéro
qui m'a faite connaître
sur une chanson
d'Eartha Kitt.

Ce tableau très Marlène
faisait des ravages
auprès du public.
La volupté à fleur de regard.

CRAZY LIFE

De 1978 à 1995, j'ai été l'égérie et la meneuse de revue du Crazy-Horse...
et la squaw préférée du grand chef et maître des lieux Alain Bernardin.

A côté du Crazy, j'ai entamé une carrière aux multiples facettes. Notamment en me lançant dans la chanson. Avec mes disques, je suis même arrivée en tête des charts – à l'époque c'était le Top 50. Ici, j'interprète un de mes tubes chez Patrick Sébastien.

Adepte de la fête, j'ai toujours aimé danser. Comme dans cette folle soirée en compagnie de MC Solaar et Jean-Luc Lahaye.

Mes chansons ont fait un tel tabac que j'ai obtenu un disque de platine, remis par Bernard Montiel et un des dirigeants de NRJ.

En sportive de choc pour le tournage
d'une cassette d'aérobic...
ou comment avoir toujours du punch.

Au Crazy comme dans la vie, Alain Bernardin était mon maître. Celui qui m'a mis le pied à l'étrier savait m'entourer de tendresse et d'attentions.

Notre complicité était quotidienne. Même si mon mari avait du caractère, nous étions tout l'un pour l'autre. C'est l'homme qui m'a le plus marquée et influencée.

Sur cette photo, je goûte le bonheur quotidien d'être entre mes deux pygmalions, Alain Bernardin, et Jacques Morali, le producteur des Village People qui m'a poussée à chanter.

Mon amour de mari lors d'un de nos tendres week-ends à la campagne.

J'ai toujours aimé le spectacle. Pour le plaisir d'une séance photos, je me rêve, l'espace d'un instant, en Mae West. Je est un jeu... mais peu de personnes savent qui je suis réellement.

En représentation sur la pochette de mon disque *Je m'en balance*...

... comme en vacances, décontractée, à Saint-Tropez, ou...

... avec mon chapeau de meneuse de revue au sourire de star, j'aime étonner et séduire.

Sexy jusque dans les tâches ménagères, je suis prise sur le fait en train de cuisiner dans ma maison de Louveciennes. A la scène comme à la ville, j'aime surprendre tout en restant moi-même.

Dans cette maison qui abrita, autrefois, les amours illicites d'un grand peintre, je disposais d'une salle de bains très lumineuse où les oiseaux pouvaient me voir dans le plus simple appareil.

Petit déjeuner à la campagne en pose de danseuse. ...

J'ai toujours eu la passion des chiens. Si mon animal fétiche, aujourd'hui, est un petit Yorkshire délicieux appelé Roudoudou, ce Sultan se montrait lui aussi des plus affectueux.

Récemment invitée au mariage d'un des petits-fils d'Alain Bernardin, je me suis payée le luxe d'une arrivée en limousine blanche.
A jamais star avec ce grand chapeau et cet équipage impressionnant.

1

3

PEOPLE

1. Baisemain présidentiel et chaleureux de Jacques Chirac avant son élection à l'Elysée, en 1995.

2. Avec Johnny Hallyday, un ami dont j'ai toujours été proche.

3. Philippe Bouvard, grand ami de mon mari, et admirateur du Crazy de l'époque d'Alain Bernardin, avec moi lors d'une émission de télévision.

4. Pour les quarante ans du Crazy Horse, le grand Alain Delon parraine la troupe. Et moi, au comble du bonheur, je suis entourée de mes deux princes.

Côté cour, avec Michel Drucker, un autre grand ami,
lors d'une émission sur le Crazy, je me trouve au pied du monstre sacré.

Côté cœur,
Alain Delon a été ma passion secrète pendant des années.

Une complicité que nos regards trahissent sans équivoque.

Aujourd'hui, une femme nouvelle regarde
l'avenir avec une sérénité retrouvée...
En attendant le prince charmant ?

Notre relation était ainsi, simple mais pleine de volupté. Alain était un amant extraordinaire, riche de fantasmes. De mauvaises langues ont avancé qu'il n'aimait pas les femmes mais si toutes les femmes étaient aimées comme je le fus par Alain Delon, il n'y aurait pas une seule malheureuse sur terre !

Alain disparaissait parfois pendant trois mois. J'ignorais où il était, en train de tourner à l'étranger ou d'aimer ailleurs, mais cela ne me troublait pas. Je me réjouissais, dans ces occasions, d'avoir compris dès le début que cet homme ne m'appartiendrait jamais. Ainsi, pendant un an je ne l'ai pas vu une seule fois. Sans chercher à l'appeler ni m'inquiéter, j'acceptais la situation. En fait, insouciante, à cette époque j'ignorais l'existence d'autres femmes.

En vérité, je pense que j'étais inconsciente, ne pensant qu'à m'amuser, à jouer. Rien n'avait d'importance, tout était fête, rigolade, jeu. Je jouissais d'une liberté absolue, découvrais tout, me trouvais heureuse avec de petites choses, la tête emplie de rêves. Ces années furent formidables. Les danseuses se voyant considérées comme des petites vedettes, nous avions table ouverte partout. J'ai été courtisée comme une reine.

Mais, même quand Delon voguait sur d'autres flots, je n'en profitais pas... ou à peine. Je plaisais ainsi beaucoup, entre autres, à Jean-Paul Belmondo, que je rencontrais chaque jour au Bar des

Théâtres. Nous faisions successivement tous les cafés de l'avenue Montaigne en parlant et en rigolant. Notre manège a duré un an, en tout bien tout honneur. Bébel avait certainement une attirance pour moi mais eut la pudeur de ne jamais déclarer sa flamme. Un jour toutefois, ayant dans les bras un bouquet de roses rouges qu'Alain venait de m'envoyer, j'annonce à Bébel toute fière : « Tiens, je sors avec un copain à toi » et lui tends le mot d'amour qui accompagnait les fleurs. Jean-Paul a blêmi. Du jour au lendemain je ne l'ai plus revu. Sans doute, par respect, ne voulait-il pas toucher à la copine d'un pote. Sa disparition ne m'a toutefois pas trop affectée, ma vie se révélant une suite ininterrompue d'aventures, moyen radical pour ne rien prendre au sérieux et apprécier l'existence.

Lorsqu'Alain revenait, nous reprenions nos câlins sans formalité. Parfois nous partions en week-end. Alors, je le rejoignais dans son nouvel appartement du quai Kennedy, il préparait un panier de nourriture, nous mettions les chiens à l'arrière de la voiture et en route pour la campagne ! En chemin toutefois, il arrêtait la voiture, près d'un bois le plus souvent, et me disait :

— On va faire l'amour tout de suite.

Ne pouvant pas attendre d'être arrivé à destination, il ne voulait jamais laisser s'évanouir un désir. Les véhicules passaient tout près de nos corps frénétiquement enlacés, la lumière de leurs phares nous caressait, et je trouvais la scène des plus excitantes.

À peine arrivés à Douchy, sa maison, nous refaisions l'amour, allongés sur des peaux de bêtes. Alain, complètement fasciné par mon corps de petite gazelle, aimait que l'on s'installe devant la cheminée de sa chambre. Là, il me dénudait lentement et, après mille caresses, me chevauchait. J'étais sa gazelle et pour moi il se faisait lion. Nos corps étaient magnifiés par le rougeoiement du feu de bois. Contrairement aux apparences, je n'étais pas une acharnée sexuelle mais en amoureuse je me montrais docile et ne lui refusais rien. La nuit en revanche nous la passions seuls, chacun dans une chambre ; j'ai toujours éprouvé le besoin de dormir tranquillement dans un grand lit. Le lendemain je me lavais les cheveux dans le lavabo. Si Alain arrivait, il m'enlaçait tendrement par-derrière et nous repartions pour une longue étreinte, les cheveux mouillés. Après le petit déjeuner, nous rentrions à Paris et chacun retrouvait sa vie jusqu'à la rencontre suivante.

⋆

Delon s'étonnait souvent de ce comportement qu'il prenait pour une absence de sentiments :

— Tu viens te faire baiser de 5 à 7, comme un mec, et tu repars !

En fait, que je ne pose pas de questions et sois

si arrangeante devait quand même lui convenir. De mon côté, je trouvais ces moments volés si beaux que j'étais comblée même s'ils avaient à peine duré quelques heures. Dès que j'arrivais quai Kennedy, je savais qu'il m'attendait derrière la porte, fébrile. Nous grimpions quatre à quatre les grands escaliers qui menaient à l'étage. Alain s'allongeait, m'attirait à lui et me renversait sur le lit très bas. Son corps frissonnait sur le mien, je frémissais. Ce n'était jamais bestial : nous faisions l'amour en nous dévorant des yeux. Il prononçait des paroles douces et tendres. Un feu de cheminée crépitait. Les péniches qui voguaient sur la Seine éclairaient fugitivement la chambre immense donnant sur le fleuve.

C'était aussi beau qu'au cinéma, follement romantique, mais je ne devais pas y croire, me laisser prendre au piège. Comme sombrer aurait été trop dangereux, vite je repartais.

Mon inépuisable bon sens me rappelait toujours que notre histoire relevait de l'amour à épisodes. Il y avait un réel attachement entre nous, un lien très fort, mais j'avais peur de cet amour. Alain n'étant pas l'homme d'une seule femme, rien ne paraissait possible à long terme. Pour ne pas me faire mal, je ne devais surtout pas lui accorder l'exclusivité et m'efforçais de lui faire croire que je prenais notre relation à la rigolade. Histoire de me préserver et de ne pas devenir dépendante. Rien au monde ne m'aurait forcée à lui révéler mes sentiments et jamais je ne lui ai susurré un mot tendre. Mais aujourd'hui, le temps ayant passé, j'accepte de reconnaître que j'étais très amoureuse de lui. Follement amoureuse même.

*

Je peux l'avouer aussi, j'ai souffert quand même. Comme une damnée. À attendre, par exemple, un coup de fil promis qui ne venait pas. Allongée sur la moquette blanche de ma petite chambre de l'avenue Montaigne, je fixais l'appareil, l'implorant de sonner, me rongeant les sangs. Les heures passaient, la boule d'angoisse grossissait dans mon ventre, Delon m'avait oubliée. Parfois c'était pire, j'avais rendez-vous chez lui, il m'attendait et je savais que la clef était sous le paillasson. Aussi je volais jusqu'au lieu de nos délices mais la clef n'était pas là, Alain non plus. Il m'avait « trappée ». Et je repartais à pied dans la nuit, de grosses larmes coulant sur mes joues. J'évitais le taxi pour que le chauffeur ne me voit pas pleurer dans son rétroviseur. Combien de fois est-ce arrivé ? Trop ! *Back Street* est souvent difficile à vivre.

Mais, paysanne de mon village, habituée, depuis l'enfance, à cacher ma souffrance et nantie d'une immense fierté, je ne voulais pas qu'il connaisse mes tourments, montrais de l'indifférence et affichais un sourire radieux. Ce sourire me servait de masque, d'armure. Si bien qu'au final ma relation avec Alain Delon fut merveilleuse grâce à la distance que j'ai réussi à garder.

*

Alain faisait preuve de beaucoup d'humour ; nous nous amusions énormément. Homme très simple, avec moi il s'est toujours comporté naturellement, jamais en star. Quand nous étions tous les deux il n'était pas ALAIN DELON en majesté, mais *Linlin*. Tout simplement. Même si actuellement je ne le vois plus guère, je le considérerai jusqu'à la fin de mes jours comme un membre de ma famille, comme si je l'avais toujours connu. D'ailleurs, parce que je le respecte, je lui ai demandé l'autorisation de révéler notre relation. Certes, il s'agit du passé et il y a prescription, mais il a des enfants et je ne veux faire de peine à personne. Gentiment il a laissé un message adorable sur mon répondeur : « Oui Toche, raconte tes mémoires. Ce passé est le tien. Tu as le droit de le raconter. »

Alain est un ami fidèle. Je pense que si un pépin ou un problème m'arrivait, il serait là. Des gens comme lui, sur qui on peut compter, sont si rares...

Dans le secret de mon cœur, je chéris toujours Alain, même si la vie a installé une distance entre nous.

À jamais, il sera pour moi un vrai prince.

Chapitre 13

La fiancée du patron

Durant des années, j'ai côtoyé Alain Bernardin strictement professionnellement. J'avais appris à le connaître et à l'apprécier mais je ne faisais pas partie de la bande de danseuses qu'il emmenait souvent manger à Saint-Germain dans le restaurant d'Arlette, une de ses amies. S'il m'invitait souvent, je déclinais l'offre, ayant ma propre vie : je voyais Alain Delon ou je dansais en boîte avec mes copines et il me restait peu de temps à donner. Tout se passait bien néanmoins. Pendant quatre ans le patron ne m'a pas regardée autrement qu'une des girls de la troupe.

Un beau jour pourtant, il m'a offert un parfum. Ce fut le début de sa cour.

★

La suite est arrivée, tout doucement, gentiment. Il a commencé à m'inviter au restaurant, en tête à tête, s'est mis à me chouchouter, me câliner, m'offrir d'autres parfums, une poupée, me conduire dans les musées. Comme il m'avait déjà aidée à placer mes premières économies en me conseillant d'acheter une petite chambre de bonne, puis en m'ouvrant un plan d'épargne-logement avec une partie de mon salaire – épargne obligatoire qui fut ensuite incluse dans le contrat de toutes les danseuses –, il poursuivit ses recommandations.

— Tu n'auras pas toujours vingt ans, il faut t'acheter quelque chose, me serinait-il sans cesse.

À force d'insistance, il finit par me convaincre et je me décidai à acquérir une maison en banlieue. Eh bien cette bâtisse, il l'a cherchée avec moi, me suggérant d'investir vers l'ouest, plus joli. « Et puis, de Marly, je pourrai venir te voir à bicyclette », me dit-il, lui qui demeurait à Marly-le-Roi. C'est à Louveciennes que nous sommes tombés sur une chaumière qui touchait celle des parents de Renoir. Une maison mignonne, au portail couronné de glycine, bucolique à souhait, où le peintre venait autrefois batifoler avec ses petites amies. « Je la veux », décidai-je au premier regard. Elle coûtait 300 000 F. Mes économies y sont passées, j'ai obtenu un crédit, je suis devenue propriétaire.

Alain m'a aidée financièrement pour les travaux. Comme je ne connaissais rien à la décoration, il a choisi des meubles chez les antiquaires, transformant le lieu en espèce de bonbonnière, en douillet nid d'amour. Alors que nous n'en étions qu'au stade de la cour.

Progressivement, je me suis sentie bien auprès de lui, protégée par lui. Un sentiment que je n'avais jamais éprouvé auparavant. Comblée sur le plan physique par Alain Delon, mais laissée dans une totale indépendance, je me suis surprise à apprécier sa présence quasi constante et rassurante. Je ne me leurrais pas, il représentait mon père. Cet amour paternel et protecteur qui m'avait tant manqué depuis l'adolescence, je le trouvais enfin à l'âge adulte avec lui, grâce à lui.

Il me couvrait de fleurs, me gâtait. Pour moi qui venais de rien, c'était important, j'étais subjuguée.

Un petit flirt a démarré, tout en douceur. Nous nous voyions de plus en plus souvent, je m'attachais peu à peu à lui, qui menait son affaire très lentement.

De mon côté mes relations avec Alain Delon se sont retrouvées au point mort. Libre comme l'air, j'étais désormais toute disposée à aller plus loin avec Alain Bernardin que je regardais chaque jour un peu plus avec les yeux éperdus de Chimène. Un soir, enfin, il s'est décidé. Il a loué une très belle suite au Plaza Athénée pour un dîner aux chandelles. L'Adagio d'Albinoni emplissait la pièce de lenteur. Et notre relation amoureuse a commencé. Lentement. Tendrement.

★

Très vite, en revanche, Bernardin a découvert ma love-story avec Delon. D'une manière très bête à vrai dire. Un jour, je n'arrivais pas à ouvrir un coffre qui recélait mes trésors et petits secrets : à savoir un précieux bijou offert par l'acteur et ses billets doux précieusement conservés. Bernardin m'a donc envoyé son serrurier qui a emporté le coffre. Après l'avoir ouvert, sans malice, ce dernier en a remis le contenu à Bernardin. Bye bye les petits mystères ! Bernardin a retourné le bijou à Delon avec un mot plein d'humour et, grand seigneur, m'a annoncé :

— J'ai rendu le bijou. Tu n'as plus besoin d'en recevoir d'aucun autre homme. Je serai là pour t'en offrir.

Curieuse déclaration d'amour, n'est-ce pas ?

Je ne demandais qu'à être soumise, je fus donc conquise. Je commençais peut-être aussi à me lasser de m'éclater à droite à gauche, éprouvant le besoin de me poser, de m'en remettre à quelqu'un. Et Bernardin, cette figure de mon père, ne demandait qu'à me protéger. Fascinée par son autorité, mon cœur n'était plus qu'à lui.

★

Tous les soirs désormais, j'allais dîner avec le patron. Opération complexe puisque je passais dans le spectacle. Ayant mis un chauffeur à ma disposition, je quittais le dîner avant la fin et il me conduisait à toute vitesse au cabaret. Dès que je posais un pied dans l'entrée des artistes, je me déshabillais, quittais mes chaussures à la volée, avançais à grandes enjambées tandis qu'une habilleuse me courait après pour me passer mon minuscule costume et en deux secondes me retrouvais sur scène. Même pas essoufflée.

Évidemment, tout le monde au Crazy a rapidement compris qu'une idylle était née entre le boss et la Charentaise. Agathe s'est accrochée à Bernardin tant qu'elle a pu. La jalousie des danseuses fut spontanée. Avanies et méchancetés se sont abattues sur moi. Par orgueil et aussi pour ne pas exciter la cruauté des furies qui me martyrisaient, je n'envisageais pas de me plaindre. Ne désirant pas embêter Alain avec ces bassesses sordides et soucieuse de préserver notre belle et sereine relation, je me taisais et lui ignorait les bagarres qui agitaient les loges.

*

Certes, je recevais des cadeaux, des fleurs, de quoi rendre mes rivales envieuses à crever, mais ma vie n'était pas rose pour autant parce que j'étais taraudée par la jalousie. Bernardin, homme à femmes, ne m'a jamais accordé l'exclusivité de son corps, d'où ma constante crainte de le perdre.

Une anecdote m'a précocement ouvert les yeux. Au tout début de notre relation, une danseuse arriva un soir au Crazy toute remuée :

— Oh là là ! j'ai vu M. Bernardin au restaurant à Saint-Germain. Apercevant sa voiture devant, j'ai regardé par la fenêtre et l'ai trouvé en galante compagnie. Ma vieille, tu es en train de te faire rouler.

— Ce n'est pas possible, j'ai passé le week-end avec lui à Montfort-l'Amaury, nous avons dîné ensemble.

— À quelle heure avez-vous dîné ?

— À 18 heures.

— Et bien, il t'a fait manger tôt pour que tu puisses assurer le spectacle, et maintenant il redîne avec une autre.

— Emmène-moi. Il va m'entendre !

La danseuse m'a accompagnée à Saint-Germain avec sa voiture et je suis entrée dans l'établissement où il discutait avec trois femmes. Altière, je me suis approchée la main en avant, mon intention étant de lui asséner une gifle puis de renverser la table. Me voyant venir de loin, plus vif que l'éclair, d'un bond il est venu vers moi et m'a entraînée dehors.

— Calme-toi, Lova, je suis avec ma famille.

— Menteur, tu m'as fait dîner à 18 heures pour avoir la paix. Pendant que je travaille, tu fais le joli cœur.

— Mais non, retourne au Crazy, les spectateurs

attendent ton numéro. Ne te fais pas de souci, je suis en train de régler des affaires personnelles.

En fait, il était bien en train de conter fredaine à d'autres. Mais comme il avait toujours le mot pour me rassurer, le geste pour me câliner, je suis ressortie convaincue de son honnêteté et c'est moi qui me mis à culpabiliser. Telle une petite fille ayant commis une bêtise, j'ai rejoint ma copine. Nous avons traversé Paris à toute vitesse pour assurer le spectacle en temps et en heure.

★

Bernardin aimait par-dessus tout la beauté des corps féminins. C'est d'ailleurs parce qu'il était fasciné par les femmes qu'il avait créé son Crazy, cette pâtisserie garnie de beaux gâteaux qu'il croquait quand il en avait envie. Avec vingt-quatre « religieuses » à l'étal de la pâtisserie, j'éprouvais des angoisses à n'en plus finir. L'idée qu'il m'échappe m'était devenue insupportable.

Bien sûr, il n'est pas sorti avec toutes les danseuses mais avec beaucoup tout de même. Et il ne se gênait pas pour leur faire sa cour devant moi ! C'était à moi de ne rien voir. Comme si cela était possible.

Il avait trois bureaux : un pour travailler avec ses secrétaires, un autre, meublé très élégamment, pour recevoir les stars qui assistaient au spectacle, et un petit boudoir destiné aux fredaines. Les répétitions en tête à tête se terminaient souvent dans ce dernier.

Ainsi Miko Miku, une Asiatique, paraissant lui plaire infiniment, je me tenais sur mes gardes. Lorsque le jour de la « dégustation » arriva, prête à intervenir, j'ai forcé la porte du haut pour les espionner. La scène se passait de sous-titres : il la caressait, lui disait des mots doux. Pas farouche, et on la comprend, la fille se laissait faire et dans deux minutes ils allaient passer au boudoir. Mon sang ne fit qu'un tour : j'ai bondi et, telle une harpie, j'ai giflé à n'en plus finir mon futur mari. Je sais, ce n'est pas joli-joli, mais à cet instant, lionne surveillant sa pitance, j'ai agi en animal sauvage.

Aussi sec, Bernardin a changé le règlement : interdiction de venir sans autorisation. Pour plus de précaution, il a planté devant la porte une armada de maîtres d'hôtels, « rideau de fer » humain impossible à franchir. Il m'a fallu redoubler de vigilance, attention épuisante avec toutes les beautés rêvant de ma place. Si aucune n'a réussi à me la piquer c'est que je me suis bien battue. Une Charentaise ne se laisse jamais faire.

En décrivant ainsi cette période, j'ai l'impression d'avoir vécu « la guerre du feu ». J'aurais pu sans peine publier un manuel de survie en milieu hostile.

« Aucune de ces femmes n'aurait pu te détrôner. La plupart étaient des salopes, des garces intéressées. Ta pureté, ta candeur et ton innocence te rendaient exceptionnelle, Lova. C'est ce qui t'a sauvée. »

Voilà l'explication, courte mais claire, donnée par Alain Bernardin à la longévité et à la réussite de notre relation.

*

Dès que j'ai vécu à Louveciennes, je suis beaucoup moins sortie la nuit. Bernardin demeurait tout près et venait souvent chez moi. Nous commencions à avoir une liaison mais rien n'était encore gravé dans le marbre. J'ai entamé une vie de femme rangée tout en étant pleine d'incertitudes sur notre avenir commun. Oui, nous avions des rencontres amoureuses ; oui j'étais couverte de cadeaux et avec les fleurs que je recevais j'aurais pu ouvrir un magasin ; oui nous partions en vacances ensemble... mais il rentrait toujours chez lui, auprès de sa femme même s'il passait plus de temps avec moi. Dans mes moments de vague à l'âme, souvent seule, je me disais n'être finalement qu'une petite maîtresse parmi d'autres. *Back Street* encore.

Le temps s'écoulait. Mes copines faisaient toujours autant la fête, j'avais parfois envie de m'éclater avec elles, mais j'hésitais. Aussi lorsque Alain Delon m'a rappelée, je l'ai revu.

Après tout, pourquoi n'aurais-je pas eu le droit, moi aussi, d'assouvir mes propres fantasmes ?

Chapitre 14

Le Mariage

— Tu vas te marier ! Regarde, c'est dans *France Soir.*

Que me racontait-on ? Qu'avait pu inventer la presse ? Je me précipitai sur le quotidien tenu par l'une des danseuses, à la fois inquiète, fébrile et incrédule. Et bien Alain Bernardin me demandait en mariage par le truchement d'un journal ! Illico, je me suis précipitée dans le bureau de mon « fiancé » :

— Qu'est-ce que c'est que ça ?

— Tu sais lire, non ?

Ce fut sa seule explication !

★

C'est Jacques Morali qui est à l'origine de notre mariage.

Nous le connaissions depuis très longtemps.

Tout jeune homme, il était venu présenter à Alain une danseuse, qui fut engagée sur-le-champ et rebaptisée Bibi Accoustik. Jacques, ancien disquaire dans une boutique d'Orly, ex-secrétaire d'Hervé Vilard, avait juré de devenir célèbre et riche grâce à ses compositions.

— C'est bien d'utiliser de la musique qui existe mais tu paies des droits d'auteurs, il vaudrait mieux créer une musique originale, avait-il dit un jour de 1972 à Bernardin en lui proposant ses services.

Ses œuvres ont plu au Boss qui l'a engagé au Crazy, début d'une fructueuse collaboration et d'une amitié exceptionnelle que seule la mort de Morali, à quarante-quatre ans, en 1991, brisa.

Quand Morali s'est installé à New York pour voler de ses propres ailes, il gagnait déjà une fortune grâce à sa collaboration avec le cabaret. En tête des revenus de la SACEM, qui gère les droits d'auteurs, c'est lui qui a créé le disco, lancé les Ritchie Family et rencontré le succès immédiatement. Il a ensuite monté le groupe Village People qui lui a apporté la gloire mondiale et une fortune colossale, le tube *In the Navy* devenant l'hymne de la flotte américaine. En 1985, il avait déjà vendu dans le monde cent millions de disques et lorsque nous allions lui rendre visite, nous rencontrions tout le gratin du show business, les plus grands producteurs de musique. Il adorait recevoir, montrer ses Rolls Royce. Chez lui nous avions ainsi sympathisé avec la douce Sylvie Vartan.

Je crois que Jacques Morali m'estimait, en tout cas nous nous entendions bien. Nous avons ri ensemble comme jamais je n'ai ri avec personne d'autre. Il faisait vraiment partie de nos amis intimes et connaissait absolument tout de notre relation, se trouvant aux premières loges pour juger de l'amour qui nous unissait. Regrettant que nous ne soyons pas un vrai couple, Morali le moraliste pensait que c'était du gâchis et insistait auprès de Bernardin :

— Tu es avec Lova depuis quelque temps maintenant, tu dois l'épouser.

Avec sa faconde, il savait trouver les mots justes :

— Tu as ta vie de ton côté, ce n'est pas bien. Tu n'as pas le droit de lui prendre sa jeunesse. Épouse-la, c'est le respect que l'on doit à une femme.

— Tu aimes cette femme, prouve-le, etc.

Finalement, il a été convaincant et Alain a pris sa décision.

Et en plus c'était écrit dans le journal.

*

Évidemment, comme mon « soupirant » était toujours marié, il lui fallut divorcer. Sa femme, qui avait essuyé les plâtres du Crazy, l'avait soutenu dans les moments difficiles et avait avalé bien des couleuvres, prit très mal la chose. Elle allait se retrouver seule, à un âge où l'on refait difficilement sa vie, remplacée par une gamine. Maintenant que j'ai mûri j'imagine sans peine son état d'esprit mais à l'époque, dans l'euphorie de la bonne nouvelle, j'avoue ne pas m'être attardée sur son sort. En tout cas, elle m'en a beaucoup voulu et ne m'a jamais pardonné.

Les négociations ont bien pris deux ans, mais, enfin, en 1985, Bernardin était libre et nous avons pu nous marier le 28 juin. Certains se contentent de sceller le mariage de l'année, nous, nous avons fait le mariage du siècle !

⋆

Je n'ai eu à m'occuper de rien, Alain a tout pris en main. À ce stade de mon récit on a compris que dans notre couple c'était monnaie courante. D'un côté, il y avait le manager entreprenant, l'organisateur qui ne négligeait aucun détail, certaines méchantes langues diraient le despote qui régente la vie de son entourage. De l'autre, il y avait l'éternelle adolescente qui jouait à la princesse, les mêmes perfides murmureraient l'enfant gâtée. Mais qu'importe. C'était ainsi et j'aimais que cela soit ainsi. J'ai seulement eu à fournir une liste des personnes que je souhaitais inviter, à choisir mes témoins et à procéder aux essayages de ma robe blanche. Aussi, le 28 juin au matin, étais-je terriblement impatiente de découvrir ce qui m'attendait. La fiancée c'était moi mais, ignorant tout du déroulé de la cérémonie, je m'y suis rendue comme aux noces d'une amie !

⋆

Vêtue d'un tailleur de cuir blanc créé par Jean-Claude Jitrois, je suis sortie de ma chambre à 10 heures du matin. L'escalier était décoré de centaines de fleurs blanches. Alain, très chic en costume clair, m'attendait pour me conduire à la Rolls noir et kaki qui attendait devant la porte. Nos témoins, emmenés dans des limousines identiques, étaient déjà à la mairie de Louveciennes. Or un seul des témoins d'Alain, le journaliste Cameron Watson, se trouvait sur place. Son grand ami César, le sculpteur, lui, avait été égaré par son chauffeur ! Mes trois témoins, elles, étaient ponctuelles et superbes : ma fidèle Linda, en tailleur bleu, Sophia Balma, dans un ravissant ensemble orangé, Mireille Darc dont j'avais fait la connaissance peu de temps avant. Alain Delon avait un temps souhaité être mon témoin, mais s'était désisté. J'ignore pourquoi.

M. Tassin, le maire, nous a unis dans une ambiance plutôt potache. Nous étions une vingtaine d'amis dont Morali évidemment, tous d'humeur joyeuse et Alain s'amusait comme un gamin.

Nous avons dit « oui » dans la joie la plus totale. À la sortie, nous avons retrouvé César, en jean et pull-over. Vu son retard, son nom avait été rayé de la liste des témoins et l'officier municipal dut se passer de la signature du grand artiste, un autographe qui valait de l'or ! César se rattrapa le soir en arrivant le premier au dîner. Quelques badauds nous ont lancé du riz, histoire de nous souhaiter du bonheur, les photographes nous ont mitraillés puis, protégés par une escouade de sept policiers en civils, nous nous sommes rendus au Coq Hardi, le restaurant où un cocktail réunissait tous nos amis de Louveciennes, les commerçants, les artisans et les notables.

Avant la grande soirée promise et où je devais aller de surprise en surprise, j'ai pu me reposer quelques heures avec « mon mari », heureuse de savourer enfin ces deux mots magnifiques. Je baignais dans la béatitude.

Deux caméristes m'ont aidée à revêtir la robe spectaculaire dessinée par Loris Azzaro au petit bustier cousu de brillants, très ajusté, et au jupon fait d'une multitude de volants de tulle. D'un blanc de chasteté, comme il se doit, elle se révélait plutôt coquine : chaque pas découvrait totalement mes jambes, clin d'œil couture pour sacrifier à l'image de danseuse du Crazy. Mais pour donner un aspect féerique à l'ensemble je portais une haute collerette transparente qui maintenait un long manteau en voile arachnéen. Avec une baguette magique j'aurais pu ressembler à Mélusine. Je voulais être la bonne fée de mon mari jusqu'à la fin des temps.

La réception avait lieu au château de la Jonchère, à deux pas de la propriété de nos amis Line Renaud et Loulou Gasté qui n'ont eu aucun mal à être parmi les premiers arrivés. Les salons, réaménagés par mon mari, croulaient sous des milliers de fleurs. Des valets perruqués annonçaient, en leur donnant des titres nobiliaires, les noms des convives, et frappaient le sol de leur canne à pommeau. Les danseuses du Crazy, hypersexy et professionnelles dans leur « tenue de travail » mais très convenables, leur faisaient une haie d'honneur jusqu'aux tables.

Nos invités ? Les gens que nous aimions. Aussi bien une ancienne danseuse qu'une star de cinéma, un régisseur qu'un grand patron, un costumier qu'un grand couturier. Des écrivains, des journalistes aussi, mais uniquement des amis. Et puis les enfants d'Alain et ma maman, dont les yeux s'embuaient à chaque instant.

Au son d'un orchestre tzigane nous avons dégusté du caviar et du poisson. Au dessert, ma jarretière a été vendue au profit de Médecins sans frontières, puis tout le monde a fait un petit sketch, ou un discours amusant. Line Renaud a chanté, les girls ont obtenu un beau succès en assurant quelques numéros. Le plus applaudi fut toutefois Thierry Le Luron : pendant plus d'une heure il a improvisé en prenant la voix des hommes politiques, imitations et humour qui ont arraché des larmes de rire à l'assistance. Thierry déjà très malade, le numéro étourdissant de talent qu'il fit devant nous fut son dernier. Par affection pour moi, il avait tenu à venir de Saint-Tropez mais il savait que sa vie ne tenait plus qu'à un fil. Notre complicité remontait à loin, au temps où, encore débutants, nous nous étions rencontrés dans une discothèque. Il dormait souvent sur la descente de lit de mon petit studio de l'avenue Montaigne après que nous eûmes passé une soirée formidable à rigoler. Déjà bourré de talent, il nous faisait hurler de rire, mes copines et moi. Par la suite, malgré son ascension, nous sommes toujours restés très potes. Thierry, si tu me vois de là-haut, je t'embrasse tendrement.

Puis Moustache et son orchestre entraînèrent les danseurs sur la piste avant qu'un superbe feu d'artifice fût tiré. Le bouquet final ? LOVA et ALAIN en lettres de feu dans le ciel étoilé.

⋆

J'étais aux anges. J'avais eu mon mariage surprise, un mariage princier même, une journée mémorable où tous mes rêves furent réalisés !

Chapitre 15

Les plaisirs de la famille

Alain m'avait prévenue :

— J'ai déjà deux garçons et une fille, je suis plusieurs fois grand-père. Je ne serai pas le père de tes enfants.

La sentence me convenait. Je n'avais pas voulu d'enfant de Delon, Bernardin n'en souhaitait pas de moi, le deal me semblait juste. D'autant que je voyais mon mari comme mon papa et non en géniteur. De toute manière, infantile comme je l'étais, je n'avais pas développé de fibre maternelle.

Il était également hors de question pour moi d'« adopter » les enfants d'Alain. Nés de son tout premier mariage, ayant entre huit et quinze ans de plus que moi, ils ne me voyaient pas comme une possible maman ou comme la tendre aimée de leur père mais en intruse. Bien sûr, ils avaient fait bonne figure à notre mariage pour sauvegarder les apparences mais, au fond d'eux, ils devaient plutôt être contrariés.

Le premier dîner avec eux fut d'ailleurs effroyable. Aucun des trois ne me parla. Une vraie paria. Le message était clair : « Pour nous, tu n'existes pas. » J'ai donc subi en silence. Une fois par semaine, pendant des années, ils sont venus dîner à la maison, repas relevant du calvaire hebdomadaire puisque la situation a persisté. Mais comme ces repas avaient pour but de réunir Alain et ses enfants, j'ai accepté. Cela signifie avoir de la force de caractère... et de l'amour pour son mari.

*

Les enfants et moi avions engagé une partie de bras de fer. Néanmoins, jamais agressive, je cherchais toujours à équilibrer la balance de nos rapports et de leurs relations avec leur père. Lorsque Alain m'offrait un bijou je faisais en sorte que sa fille reçoive le même, délicatesse que ses amies précédentes n'eurent pas toujours. En dépit de ma générosité – on ne peut me reprocher d'avoir pris sans donner –, sa famille m'a quand même considérée comme celle qui prenait, en plus du papa, une part de leur héritage. Pourtant Dieu sait qu'ils n'avaient rien à redouter de moi, ne ressemblant pas à une garce manipulatrice. D'ailleurs, leur père avait la tête sur les épaules et aucune femme, surtout pas moi, n'aurait pu s'approprier son bien.

Néanmoins, n'y tenant plus, un an avant son suicide – j'avais dû mûrir un peu –, j'ai décidé de ne plus me laisser piétiner et décrété à Alain :

— La potiche en a marre. Dînez sans moi !

Pour leur repas hebdomadaire, ils se sont donc désormais retrouvés au restaurant. Alain était peiné mais savait que j'avais raison : ses enfants étaient des adultes, avaient eux aussi des enfants et un jour, peut-être, comprendraient... Pendant ce temps je restais tranquillement chez moi avec mes chats ou me produisais dans des galas en province payés, chacun, entre 30 et 40 000 francs. Je partais avec Denis Goise, mon attaché de presse, et nous nous amusions bien. Comme du jour au lendemain, ils ne m'ont plus vue, certains ont dû se perdre en conjectures. Et même croire que je ne vivais plus avec leur père. Il m'est d'ailleurs revenu aux oreilles que j'avais des aventures et habitais ailleurs ce qui, après m'avoir amusée, finit par m'agacer. Car rien n'était exact.

⋆

Pour son caractère comme sa force d'âme, j'admirais Alain Bernardin plus que n'importe qui. Cet être profondément généreux, excentrique, intelligent, me comblait et me fascinait par sa culture immense. Avec lui il fallait toujours être à la hauteur, et le plus haut possible. À chaque instant de ma vie, je me retrouvais sous l'œil scrutateur de cet homme qui n'a cessé de jouer les Pygmalion avec moi.

Il m'a fait découvrir les musées, initiée à l'architecture, une de ses passions, comme à la peinture, à l'histoire. Tout autant intéressé par les arbres et les fleurs, il achetait des plants dans les pays que nous visitions pour les acclimater à Louveciennes. Parce qu'il aimait transmettre ses connaissances, partager ses émotions artistiques, je buvais ses paroles et me suis beaucoup instruite à ses côtés.

Féru d'antiquités, il m'entraînait, le samedi, au Marché suisse, aux Puces, au Louvre des antiquaires. Me piquant au jeu, j'ai décoré ma maison de Louveciennes de pièces chinées de-ci de-là...

Avant notre mariage, Alain avait racheté trois ou quatre maisons situées autour de ma chaumière puis il a tout cassé et rebâti. Fin connaisseur d'histoire et d'architecture, il a conçu lui-même, tel un roi, les plans de la maison selon ses goûts, l'intimité qu'il recherchait et le mystère qu'il désirait préserver, donnant vie et âme à un petit palais aménagé selon mes désirs.

Mon souhait étant de vivre au plus près de la nature, il m'a fait construire une salle de bains tout en verre. « Elle semble accrochée dans les arbres : les oiseaux regardent la fée de ce logis prendre son bain », a du reste écrit Henry-Jean Servat dans un article de *Paris-Match* qui m'était consacré. Dans cet écrin de lumière, je me voyais nouvelle

Blanche-Neige du dessin animé, les volatiles pouvant m'apporter ma serviette.

Ma chambre, elle, était entièrement blanche, avec des miroirs partout, immense, digne d'une princesse. De la vaste baie je plongeais sur le jardin et, au loin, je voyais les arbres centenaires de la forêt de Marly. En fait, nous avions chacun notre appartement et, par les petits couloirs dérobés qu'il s'était ingénié à concevoir, Alain pouvait me rejoindre, mais aussi aller et venir à sa guise.

Le rez-de-chaussée se composait d'un salon vert, d'un autre rose, d'une cuisine gigantesque et rustique, meublée d'une immense table en bois, de bancs et de casseroles en cuivre, qui plus est ouverte sur le jardin. La maison était noyée dans la végétation. Au printemps les rhododendrons en buissons égayaient toute cette verdure, comme dans un conte de fée. Alain avait fait redessiner tout l'espace, planter des haies, tailler les buissons à une hauteur précise, en harmonie avec un taxidium géant, arbre qui, en 1870, avait échappé, grâce à Guillaume Ier, à la hache des sapeurs prussiens chargés de dégager un terrain d'opération. Alain, touché par cette histoire, prenait grand soin de ce vénérable ancien combattant.

Au bout de la pelouse se trouvait le court de tennis, ses vestiaires et le petit salon où les compétiteurs se reposaient. Nous jouions tous les jours avec un professeur et le week-end avec nos amis. Près de la maison, la piscine, où je pouvais me baigner chaque jour l'eau étant chauffée à l'année. Saphir, le persan blanc, Ouistiti, le persan bleu, et Tapioca, le birman, étaient les autres maîtres de ce domaine de rêve, de vraies vedettes qui avaient même participé à l'émission *30 millions d'amis*.

Juste en face de ce nid d'amour était située la maison d'Anaïs Nin et d'Arthur Miller, où on disait aussi que la Du Barry avait été enfermée dans un cabanon. Brigitte Bardot, née dans le village, y a passé toute son enfance et par la suite ses week-ends. C'était vraiment un endroit merveilleux.

★

Aussi surprenant que cela puisse paraître, Alain, assez sauvage, ne voulait guère recevoir à Louveciennes. Cette maison représentait un sanctuaire où personne ne devait entrer. Moi qui étais plus jeune que lui et impétueuse, j'avais envie de fête et de joie et son désir de solitude m'agaçait parfois. Que personne ne puisse admirer cette belle demeure me révoltait aussi. Comme je souhaitais faire vivre ce palais, de temps en temps il acceptait, exceptionnellement, de recevoir quelques intimes. Mais en temps ordinaire, d'une générosité folle, il préférait convier les uns et les autres au restaurant.

À propos de restaurant, il me revient une minuscule anecdote, mais que je ne résiste pas au plaisir de raconter. Nous adorions les fruits de mer et allions dans un établissement fréquenté assidûment par François Mitterrand. Je ne sais pas pourquoi mais le Président se trouvait souvent assis face à moi. Et il me fixait immanquablement, longuement, tout le monde pouvant voir son manège et ses œillades suggestives. Gênée mais sage, je feignais de ne rien remarquer. Un soir, sortie un peu avant tout le monde, je me suis installée à l'arrière de la voiture en attendant qu'Alain arrive. Soudain, la porte s'est ouverte et le chef de l'État s'est assis tranquillement, sans plus de cérémonie, à mes côtés. J'ai trouvé son attitude très cavalière et m'apprêtai à le lui dire – avec déférence – lorsque je me suis aperçue que c'était moi qui m'étais trompée de voiture. Je me suis enfuie en m'excusant platement mais je me demande si, un court instant, le Président n'a pas cru que je répondais enfin à ses muettes sollicitations...

Alain avait régulièrement des dîners avec des intellectuels, adorant notamment se retrouver avec Jean-Jacques Pauvert, Régine Deforges et d'autres écrivains. Là tous se livraient à de véritables joutes littéraires enflammées. Pauvert étant l'éditeur du Marquis de Sade et de Pierre Louÿs que mon mari lisait passionnément, leur amour des femmes et de l'érotisme les rapprochait. Ils se régalaient mais moi je ne comprenais rien donc je gardais le silence. Quand Bernardin se levait pour régler l'addition et que je restais seule avec eux, ils continuaient leur bavardage sans m'adresser la parole. Timide, j'étais paralysée, rêvant de disparaître tant j'étais gênée. En fait, je n'aurais pas dû : pour eux j'étais transparente. Orgueilleuse, je n'ai pas supporté longtemps le rôle de la gourde charentaise et me suis juré qu'un jour, moi aussi j'aurais de la culture à étaler.

Aussi j'ai passé des nuits blanches à engloutir des tomes de l'histoire de France, à dévorer des biographies et à visionner des classiques du cinéma sur l'écran géant de ma chambre. J'essayais de toutes mes forces de m'élever à la hauteur de mon maître. C'était mission impossible mais à force de lire, le jour est arrivé où j'ai enfin pu participer à la conversation, tout naturellement, sans même m'en rendre compte.

Entre-temps, Jean-Jacques Pauvert, devenu un très grand ami de mon mari, venait jouer au tennis chez nous et nous dînions fréquemment ensemble. Et c'est moi qui parlais le plus. Désinhibée, ayant vaincu ma peur et gagné la bataille, ma victoire d'autodidacte avait libéré mes chaînes. L'ignorance étant l'un des pires asservissements, je remercie Alain de m'avoir fait prendre conscience de mes lacunes, de m'avoir donné accès à la culture.

*

Pendant des années, Alain a aussi fréquenté les plus grands artistes de la terre. Ils se fascinaient mutuellement.

— Mes danseuses ? Si je veux je leur donne la rougeole, plaisantait-il à propos de ses choix lumineux.

Les peintres Max Ernst, Marcel Duchamp ou Mathieu, qui venaient souvent discuter amicalement avec lui, reconnurent que, s'il était né trente ans plus tôt, il aurait probablement été intégré dans la tribu surréaliste. Cette consécration de ses maîtres allait droit à son cœur d'artiste.

En génie de sa profession, il fut le seul à donner une telle classe à un spectacle de nu : uniquement grâce à l'idée formidable d'habiller les femmes de lumières. En exagérant à peine, on peut dire que lorsqu'on allait au Crazy on admirait des œuvres d'art. Tous ceux qui ont aimé le spectacle comprendront. Les autres, je les plains de l'avoir raté. Les filles ressemblaient à des sculptures en mouvement. César ne m'aurait pas démentie d'ailleurs, lui qui a moulé un jour le sein de Truda, passée ainsi à la postérité. Et ce n'est pas un hasard non plus si Frederico Fellini, cet autre chantre de la femme, tourna au Crazy les premières images de son film *Les Clowns*.

Alain avait aussi un don pour la musique. Lorsqu'il ne recevait pas de personnalités, il se retranchait dans son petit bureau, durant le spectacle, et écoutait des disques classiques ou du jazz de toutes les époques. Quand il tombait sur un morceau qui l'inspirait, il échafaudait dessus un petit scénario. Je me souviens qu'il avait mis sur scène un cercueil qui s'ouvrait sur une fille enchaînée. Dansant de manière troublante, elle montait sur le cercueil, au rythme lent d'un Adagio, suscitant un spectacle érotique à mourir. Elle apparaissait enveloppée, comme un beau cadeau, de musique.

Il concevait les numéros comme des tableaux et s'inspirait principalement de l'œuvre de Clovis Trouille. Comme le peintre de la luxure, il aimait une femme portant des bas noirs, une chevelure blonde ou brune mais longue lui tombant dans la courbe des reins. Ou une jolie poupée habillée en religieuse. Il émanait de ce spectacle une sensualité incroyable, un peu perverse. Je le redis, Bernardin était complètement passionné par la femme, la femme mystérieuse, un mystère qui faisait éclore l'érotisme. Au Crazy, il s'apparentait au peintre à son chevalet.

Les danseuses, ses modèles, répétaient sous son œil implacable et lui observait au plus près les essayages des costumes. Chaque millimètre de tissu ou de cuir avait son importance parce que cela magnifiait les courbes. Je pense qu'il jouait un peu à la poupée, des poupées de chair, de son et de lumière.

Mais dans cet écrin dévolu à la femme, j'étais l'élue de son cœur et de son royaume.

Un royaume de femmes et de beauté.

Chapitre 16

Jours de luxe

En fin de matinée, toujours de bonne humeur, Alain venait frapper à ma porte. Il m'apportait très souvent le plateau du petit déjeuner, un bon thé, des fruits. Entre deux petits câlins, nous papotions, il me donnait les nouvelles de la soirée précédente puis il partait, le chat sur son épaule. Tapioca, le birman, était son grand amour. Inséparables, ils allaient au marché à vélo ou dans une petite voiture s'il pleuvait. Alain, qui détestait se faire servir, ne prenait jamais le chauffeur. Moi, après mon bain, je plongeais dans la piscine, entretenant ma sveltesse de danseuse nue en enchaînant des dizaines de longueurs. Après, je descendais au tennis prendre un cours avec un professeur ou me promenais dans le bois à vélo.

Digne fille de La Rochelle, j'adorais les bigorneaux. Alain m'en ramenait du marché, avec des huîtres, des bulots, des petites crevettes roses. Il préparait le repas lui-même. La servante avait mis la table dans la cuisine, qui, par ses dimensions, aurait convenu à Gargantua, et lorsque je revenais, nous passions aussitôt à table. Le jardin tout entier entrait par les baies vitrées. Alain me donnait alors mon cours d'histoire de l'art : chaque jour, ce Pygmalion ouvrait un livre consacré à Pissarro, Monet ou Renoir, adorant jouer au professeur. J'avais intérêt à bien l'écouter et à mémoriser parce que les jours suivants, à l'improviste, il m'interrogeait. Chaque soir il m'apportait un ouvrage, que je devais dévorer pendant la nuit et il me demandait, ensuite, d'en faire le commentaire. Je jouais le jeu, cette culture m'étant absolument nécessaire.

J'avais en somme une vie de rêve. Et je l'appréciais d'autant mieux que je venais de chez les pauvres. Quelle femme ne m'envierait-elle pas ? Cet homme merveilleux faisait tout pour moi : les courses, la cuisine et la classe. Le tout avec patience et sourire.

Nous passions dans le salon vert pour le café. Alain mettait des musiques. Là j'entrais en scène : laissant mon talent s'exprimer en toute liberté, j'improvisais des danses tandis qu'il aimait me regarder innover, en tirant des idées pour son spectacle. Pendant des années, de cette façon et dans notre salon, je fus son inspiratrice. Mes idées s'avérant toujours un peu fantasques, il les réadaptait mais je restais sa source. Notre manège durait une quarantaine de minutes, puis il partait pour son Crazy.

★

Du cabaret, il était l'âme. Lorsqu'il y arrivait vers 15 heures, l'attendaient déjà des photographes, des danseuses, tous les employés, un peintre, un menuisier, un tapissier. Quinze ou vingt personnes avaient besoin de lui pour commencer à travailler... et ainsi de suite jusqu'à 20 heures. Pour que le Crazy tourne bien il fallait de l'autorité et beaucoup d'habileté. Cent employés, ce n'est pas rien. À tout moment les danseuses pouvant « distraire » les maîtres d'hôtel, la vigilance ne devait jamais se relâcher pour éviter le chaos. Sa présence était donc indispensable.

À l'époque où je faisais encore partie de la troupe, j'avoue que même si nous adorions notre travail, nous étions des reines de la paresse. Alain nous surveillait donc en permanence à juste titre : quand nous arrivions sur scène, nous jetions un œil sur le petit escalier et s'il n'était pas là, évidemment nous relâchions le mouvement. Vraies gamines espiègles, il nous arrivait de rire sur scène, de cracher nos chewing-gum sur les premiers rangs, comportements guère professionnels ! Lui se devait d'être sévère. Comme un père avec des enfants. Un père fouettard même.

★

Presque tous les soirs nous étions requis pour des mondanités. Alors, vers 20 heures, nous nous retrouvions dans notre appartement de l'avenue Montaigne, pied-à-terre parisien de 400 m^2 dont ma seule garde-robe occupait le quart de l'espace. Qu'allais-je porter ? Du Azzaro ou du Gaultier, du Alaïa ou du Prada ? Pourquoi pas Dior ? Non : Gucci.

Alain prenait un bain, faisait un tout petit somme, dix minutes lui suffisant pour récupérer, et nous sortions dans les plus grands restaurants, ou les plus modestes, avec des invités prestigieux. Certains me reviennent en mémoire : César, Gene Kelly, Sophia Loren et tant d'autres que je ne peux citer puisque la liste est longue.

Ensuite, au besoin, le chauffeur me récupérait et me reconduisait au Crazy : je travaillais à la carte pour certaines personnalités qui demandaient spécifiquement à voir la prestation de Lova Moor. Ainsi j'ai « usiné » pratiquement jusqu'au décès d'Alain, faisant une très longue carrière dans ce cabaret où je n'ai plus le droit de remettre les pieds alors qu'il aura du mal à effacer mon nom de son histoire. Après, le chauffeur me raccompagnait à Louveciennes. Bien que la maison fût sous la surveillance d'un couple de gardiens, je m'enfermais à double tour dans ma chambre aux portes et vitres blindées. Véritable trésor d'Alain, j'étais protégée de la convoitise. En fait, j'exagère et plaisante : nous avions surtout peur d'un enlèvement. Quelques années auparavant, des « chauffeurs » avaient en effet pénétré dans une autre maison d'Alain, ligoté et presque torturé les domestiques pour qu'ils dévoilent où je me trouvais. Par chance, les bandits s'étaient trompés d'adresse. Depuis, craignant qu'ils ne cherchent à recommencer, Alain avait pris la décision de renforcer la maison. Tous les carreaux étaient désormais à l'épreuve des balles. Pour les seuls vitrages, il avait dépensé 10 millions de francs (1,52 million d'euros). Dans chaque pièce, il existait en outre un espace de protection où l'on pouvait s'isoler d'éventuels agresseurs. Mêmes les toilettes étaient à l'abri et l'on pouvait s'y enfermer et prévenir les secours. Quant aux alarmes, elles étaient partout.

La porte de ma chambre avait l'épaisseur d'un sas de banque, ce qui avait le don de me rassurer. Vers 1 heure ou 2 heures du matin, lorsque j'entendais claquer la porte du bas, je savais qu'Alain était rentré. Je pouvais m'endormir tranquille, c'était lui ma véritable protection.

Dans la journée, j'avais pour consigne de toujours regarder par-dessus mon épaule pour vérifier que je n'étais pas suivie. Le chauffeur avait ordre, lui, de ne pas me lâcher d'une semelle. Au passage, une petite anecdote amusante : un jour, alors que j'allais dans un club de gym, rue du Débarcadère, le chauffeur, qui devait m'attendre, vit ressortir de l'endroit où il m'avait déposée de jolis jeunes gens, musclés et essoufflés. Croyant que je me livrais dans ce lieu anonyme à des activités indécentes, il s'en ouvrit à son patron, qui rigola bien. La fois suivante, j'ai fait entrer ce garde du corps dans la salle de sport pour lui montrer ce qui mettait tous ces beaux mâles en sueur.

Pourquoi ce luxe de précautions ? Je ne l'ai jamais réellement su. Peut-être Alain avait-il reçu des menaces plus précises ? Il n'a jamais voulu me le dire pour m'éviter d'être terrorisée. Peine perdue, désormais je suis totalement trouillarde.

C'était notre vie ordinaire. C'était ma vie extra-ordinaire.

*

Chaque jour ressemblait à une fête. Chaque jour apportait son lot de surprises, de cadeaux, de fleurs. Alain m'en couvrait. Mais comme les plus belles roses ont des épines, Alain prononçait parfois des paroles blessantes, qui m'enfonçaient. Sa férocité ne s'adressant pas seulement à ses enfants et à son personnel, j'ai dû apprendre à encaisser. Passons...

Fou de voyages, très souvent nous prenions l'avion ou la voiture pour parcourir l'Europe, à la recherche de nouvelles danseuses. Nous passions au crible les music-hall, les cabarets en Italie, en Allemagne, en Suisse, en Espagne, rencontrions les directeurs de salle, les artistes, leurs imprésarios, allions dans des endroits sordides que l'on nous conseillait pour y découvrir parfois une perle.

Deux fois par an, nous partions au États-Unis voir les shows de Broadway ou de Las Vegas, les comédies musicales. Nous emmenions toujours des amis : Linda la belle, la fidèle ; Annie et Guy Braslave, le couple de costumiers... et d'autres qui oublieraient plus tard cette générosité.

Ensuite, il nous arrivait de filer aux Antilles pour une dizaine de jours. Bronzette, sable blanc et langoustes, à satiété. Nous logions dans les plus beaux hôtels où, parmi la clientèle huppée, séjournaient de nombreuses célébrités. J'ai ainsi pu converser avec Bette Midler au bord de la piscine de l'Hôtel la Samana Bay à Saint-Martin, boire un verre au bar avec Jack Nicholson, dîner avec Robert De Niro et faire la causette sur la plage avec le président Richard Nixon, encadré de ses dix gorilles en costume cravate qui, au moindre mouvement, portaient la main à leur holster. Très sensible à nos minauderies, le président américain resta une demi-heure avec nous et nous invita à dîner le soir même.

Nous revenions immanquablement par New York. Shopping, jusqu'à plus soif. Alain étant extrêmement généreux, rien n'était trop beau pour moi. Bijoux, fleurs, vêtements, restaurants, je n'avais qu'à commander. Nous nous déplacions en limousine. Je n'avais toutefois pas l'exclusivité de sa générosité : les copines recevaient leur argent de poche pour leurs petits caprices.

Le joli mois de mai était dédié à la Côte d'Azur. Mon mari sachant que j'étais folle de Saint-Tropez et de l'Hôtel Byblos, mes amies y étaient invitées à tour de rôle. Peu mondain, Alain passait son temps au tennis et au restaurant pendant que nous faisions les belles à la plage, à la piscine ou dans les fêtes locales. Revenus à Paris, le tourbillon de cette vie de luxe reprenait.

*

Parfois, Alain me disait :

— Coco, tu as envie d'aller déjeuner à New York ?

Je ne répondais jamais non et nous embarquions à bord du Concorde. Alain allait à son rendez-vous, nous prenions le déjeuner promis, puis nous repartions vers Paris.

Notre passion pour le supersonique a cessé le jour où nous sommes partis enregistrer à New York les nouvelles musiques du Crazy. Nous étions accompagnés de Linda et de Morali, notre compositeur, quand un incident a refroidi notre ardeur. Peu après le décollage, l'appareil a lâché son kérosène et s'est reposé à Roissy. Tremblant de tous ses membres, Morali voulait rentrer chez lui mais la compagnie nous a obligés à attendre un second appareil et à repartir. Déjà peu flambards en prenant place à bord, notre frayeur a décuplé lorsque l'avion, élancé pour son décollage, a freiné sec, de nouveaux ennuis le contraignant à un nouvel arrêt peu glorieux. Finalement, le vol a été annulé et on nous a... relâchés. Le lendemain nous avons embarqué sur un Boeing et nous sommes juré de ne plus monter à bord du Concorde.

À New York, nous avions quasiment notre rond de serviette dans un restaurant italien. On nous avait avertis que c'était un établissement tenu par la mafia mais il était pratique pour nous de continuer à y aller. Un soir Alain a retrouvé au bar un Français qu'il avait connu à la création du Crazy. À l'époque cet homme lui avait offert de l'argent pour s'associer avec lui mais Alain avait poliment refusé. Ce Français, qui ressemblait à M. Tout-le-monde, faisait désormais partie des « grandes familles » new-yorkaises. Qui sait ce que qui serait arrivé si le bon génie d'Alain Bernardin ne l'avait prévenu à temps d'éviter cet individu ?

New York étant l'escale favorite de mon mari, il m'y donnait rendez-vous entre deux voyages d'affaires. Je l'y rejoignais souvent avec mon amie Linda. Blonde, la bouche pulpeuse, le nez retroussé, cette styliste d'une grande beauté avait tenu des boutiques de mode après avoir divorcé d'un industriel italien multimilliardaire. Une fois, en allant retrouver mon époux, il nous est arrivé une aventure formidable. Le Concorde était presque vide, nous n'étions que quatre – l'un des quatre n'était autre que Julio Iglesias, accompagné de la fille du maire de New York. Courtois, le chanteur est venu nous saluer. Quand Linda lui a appris être la meilleure amie de son producteur, cela a suffi à détendre l'atmosphère. Julio, sacré lascar et être extrêmement gai et facétieux, m'a rapidement demandé si j'étais une danseuse du Crazy. Étonnée, j'ai ouvert de grands yeux :

— Comment avez-vous deviné ?

— Avec cette chute de reins, ce corps de déesse moulé dans un corsaire panthère, c'est obligé.

J'étais repérée ! Pas étonnant, je n'ai jamais cherché à passer inaperçue. Créature de rêve j'étais, spectaculaire je me devais d'apparaître. Julio fut charmant durant tout le vol qui, du coup, nous a paru trop rapide. Il nous a offert champagne et caviar à gogo. Nous avons ri comme des fous. Passer la douane, chose si compliquée aux États-Unis, n'a pris que quelques instants : ceux nécessaires à Julio pour embrasser douaniers, douanières et contrôleurs en tout genre. Tout le monde le connaissant, il n'a pas montré son passeport et nous non plus. Incroyable ! Il nous a laissées, étourdies de bonheur après ce merveilleux moment, en nous donnant des invitations pour ses concerts, des soirées et des cocktails. Arrivant de je ne sais quel pays, Alain Bernardin nous a retrouvées au Pierre, notre hôtel favori. Surexcitées comme des gamines, nous lui avons raconté toutes les facéties du latin lover. Sans un mot, mon mari a pris les invitations et les a déchirées. Toutes. Et je n'ai jamais revu Julio !

★

Alain Bernardin était-il jaloux ? Une autre anecdote pourrait le confirmer. Nous revenions des Antilles avec mon amie Linda et débarquions de nouveau au Pierre, où il nous attendait. La routine, quoi ! Mon manteau de fourrure blanc comme la neige mettait en valeur mon teint doré par le soleil des Caraïbes et, par jeu, j'ai fait une entrée de star dans le hall. Un homme – magnifique – est tombé en arrêt, m'a regardée intensément, comme foudroyé. Bien entendu je n'ai rien « remarqué ». Dans la soirée, nous sommes allés voir une comédie musicale et, à notre retour, un bouquet d'orchidées, grand comme une table, avait été livré dans la suite, accompagné d'un mot délirant. Grand avocat américain, le beau garçon me faisait une déclaration d'amour en bonne et due forme. Je résume : j'étais la femme de sa vie. il se consumait depuis que ses yeux s'étaient posés sur moi. Je devais l'épouser au plus vite. « Conneries », trancha Alain en mettant la carte en charpie. Et le somptueux bouquet finit lui aussi dans la poubelle.

Quand j'y repense, je réalise que mon mari prenait grand soin à m'isoler des hommes. Il me gâtait à outrance, mais m'enfermait dans le luxe. Je n'aurais pas le culot de me plaindre d'avoir vécu dans une cage dorée mais la richesse est un piège car on n'a pas vraiment envie d'aller voir ailleurs. Alain disait : « Lova est un petit bébé, une petite fille, pas une salope ou une dragueuse. Moi, je sais quoi faire pour la garder. » Il m'infantilisait. De sa part, je l'acceptais et même j'aimais cela. Immature, je prenais soin de le rester. C'était mon rôle, ma partie dans la longue vie compliquée de Bernardin.

Chapitre 17

L'amour à la papa

Alain savait ce qu'il voulait et a toujours fait ce qu'il avait envie de faire sans s'occuper des on-dit. S'il entendait une réflexion désagréable dans un restaurant, par exemple sur notre différence d'âge, il se dirigeait droit vers la personne et exigeait des explications. Il soldait ses comptes au moment précis où il fallait les régler.

L'hypocrisie n'était pas dans son mode d'emploi. Dans aucun domaine. Surtout pas dans celui de la sensualité.

Bernardin m'aimait pour mon innocence et ma pureté. Mais, pour le reste, il lui fallait d'autres femmes. Il lui arrivait d'ailleurs d'être fou de certaines et je devais l'accepter, faire comme toutes celles qui m'avaient précédée : fermer les yeux ou dire adieu. Toute sa vie il a ainsi louvoyé entre de nombreuses maîtresses. J'en ai connu à peu près une quinzaine.

Oui, il entretenait un harem, mais avec élégance. Par rapport à moi, en tout cas. Avec Alain tout était embelli, enjolivé, même l'adultère. Il gérait ses aventures de belle façon, je m'en accommodais, même si j'en souffrais. Bien sûr, il m'arrivait de temps en temps de fomenter de grandes scènes de jalousie, mais c'était surtout pour le « sport » parce qu'il n'est pas sain de toujours résister à la montée d'adrénaline. Et, tant qu'à faire, dans ce registre de la femme bafouée, je me montrais grandiose, une diva.

⋆

L'occasion m'a été donnée d'étaler mon talent lors de sa love story avec une secrétaire allemande. J'étais au courant de leur relation mais, comme je l'ai dit, je préférais fermer les yeux. Rien ne serait arrivé sans les provocations de la rivale qui se voyait déjà en conquérante. De plus en plus sûre d'elle et prétentieuse, la grossière Teutonne a un jour franchi la ligne Maginot de la bienséance et de la discrétion en m'assénant :

— À part la bague au doigt, tu n'as rien de plus que moi !

C'était le défi de trop. Une petite leçon s'imposait pour l'aider à comprendre le fonctionnement des hommes en général, du mien en particulier. Sans peine j'ai poussé à la trahison une autre secrétaire, mon alliée celle-là, et j'ai su où et quand les deux « tourtereaux » avaient rendez-vous. Mon prince de mari l'avait ni plus ni moins emmenée au Ritz. Toute jolie dans mon manteau de fourrure, je me suis faite accompagner place Vendôme par le chauffeur. « Le Ritz est un palais tranquille : de grandes dames y boivent un thé précieux avec une distinction de fantômes... », comme l'écrivait Marcel Proust. Et mes « amants illégaux » y déjeunaient effectivement le plus tranquillement du monde. Une tranquillité qui n'a pas duré. Mon arrivée les a beaucoup surpris, c'est le moins qu'on puisse dire. Et mon récital les a laissés ébahis. Un récital, que dis-je, un opéra, plutôt ! Plein de cuivres, de trombones et de grosses caisses. Du Verdi. Et je n'ai pas eu besoin de play-back pour me faire entendre.

Inutile de rapporter ici les mots employés, d'ailleurs je les ai oubliés et ils ne devaient pas être très littéraires (je n'étais guère inspirée par Proust). Sachez seulement que si les fondations du Ritz n'ont pas tremblé sous mon esclandre monumental, les cristaux des lustres si.

Ma colère calmée, je suis redevenue fort civile :

— Alain, je repars maintenant, j'ai un rendez-vous, tu m'accompagnes ?

Époustouflé par cette scène de ménage de luxe mais tout heureux d'être un objet de rivalité, mon mari s'est accroché à mon bras en répétant :

— Ah ! ma Coco Dallas, ma Coco Dallas !,

expression admirative à laquelle il avait recours dans les grandes occasions.

Moi, impériale :

— Maître d'hôtel, envoyez la note au Crazy, s'il vous plaît.

Et à Ingrid :

— Tu viens de te faire larguer, ma petite. Adieu.

Victoire – provisoire – de la femme légitime, donc.

Mais je ne me leurrais pas, se cachait toujours un coup de folie dans la coulisse. Parfois j'étais triste de tout ce temps qu'il consacrait à ses maîtresses. Je ne connaissais pas toutes ses aventures, mais je les supposais à son attitude. On me racontait beaucoup de choses aussi. Je savais qu'il les voyait le soir au Crazy ou l'après-midi, révélations qui me perturbaient parce que j'étais impuissante. Je n'ignorais pas que cette vie parallèle lui était indispensable et comme je ne voulais que son bonheur, je rongeais mon frein. Et puis les dîners m'étaient toujours réservés, preuve à mes yeux qu'il m'aimait par-dessus tout.

*

Notre intimité, elle, était devenue très spéciale. Entre nous c'était plus un amour-tendresse qu'une affaire de sexe. J'étais une bombe sexuelle pour tous les hommes, mais pas pour mon mari.

Sexuellement, je ne correspondais guère à son idéal féminin.

Au début, nous avons eu du sexe, très doux, très tendre. Alain me voyait comme une enfant donc d'un amour pratiquement paternel, me considérant comme la fille qu'il aurait voulu avoir. Dès lors, dans son esprit, il ne fallait pas d'inceste entre nous. D'où son peu de désir sexuel envers moi. Son seul désir consistait à me délivrer de l'amour, à me protéger. Une philosophie du couple que j'ai très bien acceptée puisque je découvrais à l'âge adulte toute l'enfance que je n'avais pas connue. Ce deuxième père, présent, très protecteur, m'enseignait tout, me façonnait à son image, me transmettait sa culture, me choyait, m'offrait une vie complète, bref jouait à la poupée avec moi, alors que sa vie sexuelle le conduisait indéniablement ailleurs. Dans un monde où je n'étais pas.

Mais j'acceptais Bernardin tel qu'il était parce que je l'aimais, l'admirais, parce que je savais qu'on ne pouvait pas le changer. Il assumait tout, on ne pouvait pas lui donner d'ordre. Si je l'avais embêté avec ses conquêtes, je pense que notre relation se serait arrêtée immédiatement. J'ai beaucoup souffert mais je l'ai toujours caché.

*

Quant à mes propres besoins physiques, mon mari les occultait totalement. À moi de me débrouiller sans lui. Heureusement, mon grand prince Alain Delon retrouvait toujours mon numéro de téléphone. Un an environ après mon mariage, il m'a d'ailleurs rappelée. Ayant emménagé quai Kennedy, dans un superbe appartement en triplex, nos rapports ont recommencé face à la tour Eiffel. Par périodes, je venais tous les jours en fin d'après-midi. À d'autres moments, tout s'arrêtait car il partait tourner, ou acheter un tableau de maître, quelque part. Puis il reparaissait et disparaissait de nouveau. Avec une nouvelle compagne qui, elle, posait à ses côtés dans *Paris-Match*, avec laquelle il s'affichait dans la maison de Douchy, ses fidèles chiens à ses pieds. C'était ainsi. Mais dès qu'il m'appelait, je courais le rejoindre. Il avait un pouvoir sur moi, c'est sûr. En avais-je un sur lui ? À part celui d'attraction, je ne crois pas. En tout cas, ces escapades dans mon jardin secret m'ont aidée à supporter les infidélités de Bernardin.

*

J'ai aimé mon mari d'un amour fou mais j'ai toujours gardé Alain Delon comme amant. Bernardin, lui-même au courant, a eu l'intelligence de me laisser cette liberté, qui s'accordait à la sienne. Les deux hommes étaient totalement différents mais complémentaires dans ma vie.

Bernardin et Delon se sont même liés d'amitié

lorsque nous avons célébré les quarante ans du Crazy, puisque le second fut le parrain de cet anniversaire et la vedette de l'émission de télé faite à ce moment-là. Leur « complémentarité » s'est du reste transformée en sujet de plaisanterie entre eux.

— Moi, je l'ai eue avant toi, se vantait l'un.

— Oui, mais moi je l'ai épousée, se réjouissait l'autre.

Et, entre les deux, je ronronnais de plaisir. J'avais mes deux amours : Bernardin et Delon.

Bernardin, cultivé, intelligent, patriarche, responsable, paternel, me convenait parfaitement au quotidien. Delon, le plus bel homme du monde, intelligent, amoureux, prince charmant, galant, respectueux, représentait mon phantasme. Ils avaient un point commun, essentiel à mes yeux : leur respect des femmes.

Maintenant que j'ai fait un bout de chemin je peux dire qu'Alain D. fut le plus grand amant que j'ai connu et Alain B. le meilleur mari au monde. Par ces deux hommes, j'ai été une femme comblée. Ils m'ont considérée et traitée non comme une princesse mais comme une reine !

Ils ont été, chacun d'une façon différente, mes dieux.

Chapitre 18

Reine de l'Audimat

Jacques Morali, qui se savait condamné par le sida, ne voulut pas mourir en terre étrangère. Avec son ami, il est revenu des États-Unis, m'a appelée et nous nous sommes revus. Un jour, lors d'une conversation à bâtons rompus, il émit une idée saugrenue :

— Avant de mourir, je veux connaître un dernier succès. Lova, je vais t'écrire une chanson sur mesure. Tous les deux nous allons faire un tabac.

Si, dans le passé, je lui avais maintes fois demandé cette faveur sans avoir son accord parce qu'il était trop occupé par ailleurs, finalement il se décidait. Désarçonnée, je bredouillai :

— Je ne suis pas chanteuse, tu le sais bien, je suis danseuse.

— Tu chantes avec ton corps. Ne t'inquiète pas pour ta voix, on saura la faire chanter. Avec la technique actuelle, rien de plus facile. Tu me feras mon dernier tube, Lova. Nous allons bien nous éclater, tu vas voir.

Il ne savait pas encore à quel point il allait avoir raison !

*

Pourquoi vouloir me faire ce cadeau avant de disparaître ? Sûrement en souvenir du bon temps que nous avions passé tous ensemble. Ses jours étant comptés, Jacques refusait de partir avec un goût d'inachevé.

De mon côté, j'avais toute confiance en lui. Morali avait, en une quinzaine d'années, lancé tellement d'artistes, connu tellement de succès, qu'à tous les coups notre collaboration allait marcher.

J'ai annoncé notre projet à Alain avec un peu d'appréhension. Depuis toujours je voulais faire de la télévision ou du cinéma, mais il me l'interdisait. Chaque fois qu'arrivait une proposition me concernant au Crazy, il faisait répondre par la secrétaire que je n'étais pas intéressée. Sans même m'en parler puisque je ne découvrais parfois ces offres de travail que bien longtemps après. Bernardin était très jaloux, finalement. Ou, plus sûrement, il désirait garder sa star pour le seul bénéfice du cabaret. À cause de cet égoïsme, peut-être suis-je passée à côté d'une grande carrière d'actrice en Italie. En effet, j'avais tourné, dans le premier rôle, un long-métrage avec Adriano Celentano, l'idole du pays, et le film avait cartonné. La production, Medusa films, voulut me faire signer un contrat de huit ans mais Bernardin ne me laissa pas partir. À vrai dire, je ne sais pas si je dois le regretter : c'était mon destin de rester auprès de lui.

Mais là, comme Alain adorait Morali, il a accepté de me laisser un peu de liberté artistique. Jacques et Jean-Pierre Lang m'ont écrit et composé la chanson *Et je danse*, puis nous sommes entrés en studio. Si mon inexpérience me faisait un peu peur, ils ont su me rassurer. En outre, une choriste m'accompagna pour étoffer ma voix. Contents les uns et les autres du résultat, le 45 tours est sorti en 1988. À la chance ensuite, et au public surtout, de dessiner notre destin vocal.

Morali a pris le lancement en main, possédant un vrai génie en cette matière. Son astuce, le bouche à oreille. Dans son magnifique appartement de Neuilly, il organisait un dîner une fois par semaine. Très rigolo mais très snob, tout le monde n'était pas invité à sa table et ses convives étaient triés sur le volet : Orlando, Max Guazzani, Amsallem, et autres « professionnels de la profession ». À force de tact, de finesse, il m'a lancée, en invitant ses copains à manger.

Le clip, lui, a été tourné dans notre maison de Louveciennes. Je portais un short très court, un petit blouson de jean, et ma voix de petite fille sortait de ma bouche qui a toujours été gigantesque en créant un contraste détonnant. En outre, j'osais montrer mon décolleté tout en portant sur le spectateur un regard naïf. C'était sensuel au possible, d'un érotisme ambigü très élaboré. Résultat, le clip a cartonné tout de suite, passant sur M6 quasiment en boucle. Et les ventes ont explosé avec, en récompense, les meilleures places du Top 50 ! Un carton phénoménal.

*

Cette chanson – et celles qui ont suivi – a bouleversé ma vie professionnelle durant une décennie. Toutes les télés m'ont réclamée. J'ai fait ce que je savais faire à la perfection, c'est-à-dire danser. Je dansais de dos pour mieux faire admirer ma cambrure de négresse, mon plus bel atout, disons-le clairement. Plus j'étais sexy et plus on me réclamait. Plus je me produisais et plus on me demandait d'être sexy. Tout ce que j'aimais. Jacques avait eu raison d'affirmer que je chantais avec mon corps.

J'arrivais sur les plateaux avec mon chauffeur, ma costumière, les éclairagistes du Crazy, troupe impressionnant les gens de la télévision qui n'avaient jamais vu une telle logistique. Comme j'étais une vraie pro de la scène, cela faisait gagner beaucoup de temps. Avec cette chanson et les deux ou trois autres enregistrées ensuite, j'ai tenu dix ans sur le petit écran. Et on ne se lassait pas de m'inviter partout parce que j'explosais l'Audimat.

Lorsque, en février 1991, j'ai fait « Mon Zénith à moi » avec Michel Denisot, sur Canal +, tous les records d'audience ont été pulvérisés. Je parlais d'une voix douce et sensuelle qui a surpris alors qu'il s'agit de ma façon normale de m'exprimer. J'avais l'air sain et naturel, il émanait de moi une sorte de vérité campagnarde qui a plu, cocktail de glamour et de bon sens paysan qui a dû séduire le public. Alléché, Drucker m'a voulue à son tour dans son « Stars 90 ». L'émission a fait boule de neige et j'ai été conviée partout. *VSD* à l'époque a titré : « Tapie, Lova et Patrick Sébastien, rois de l'Audimat. » De la folie ! À moi les papiers dans *Télé 7 jours*, l'ouvrage de conseils de beauté, les reportages dans ma jolie maison. Lova avec ses chats, Lova au tennis, Lova au Crazy. J'ignore si j'en ai trop fait, mais on me sollicitait tout le temps et j'ai toujours joué le jeu avec sincérité.

★

Le succès engendrant jalousie et petites mesquineries, je suis immanquablement devenue une cible de choix. On a même fini par dire que je ne chantais pas réellement, médisances lancées par Morali lui-même. Oui, le meilleur ami de mon mari, le compagnon des jours de bonheur, l'auteur et producteur de mes trois premiers disques qui lui avaient rapporté beaucoup d'argent, colportait ce ragot avec délectation. S'estimait-il trahi parce que j'avais enregistré avec quelqu'un d'autre *My Life*, mon quatrième disque ? À moins que sa maladie ne l'ait perturbé, et je l'en pardonne volontiers, au point d'essayer de briser ce qu'il avait créé.

Certes, je ne fus pas contente et pendant quelque temps ne lui ai plus adressé la parole. Mais son état était si grave que je lui pardonnai. J'ai tellement aimé ce garçon, tellement ri avec lui que je n'ai pas voulu m'attarder sur ces vilaines choses. D'ailleurs je n'aurais pu longtemps lui garder rancune : Morali est décédé huit mois après avoir lancé cette rumeur. C'était en novembre 1991.

Pour clore cette micropolémique, je dirais que ma voix était gentillette et qu'effectivement on me l'avait renforcée. Mais une quantité de chanteurs ont recours à cet artifice banal qui ne choque personne dans le métier. Ainsi, après avoir composé pour moi *Ma géographie*, Didier Barbelivien m'a accompagnée en studio. Là, il m'a tenu la main pendant tout l'enregistrement, afin de me donner le rythme. Je n'ai fait qu'une seule prise, certes, mais j'ai quand même donné mon filet de voix, ce timbre de petite fille qui me caractérise, la suite étant affaire de spécialistes. Mon disque est encore une fois entré au Top 50.

Soyons clair : je chantais surtout avec mon corps et ce ne sont pas mes vocalises qui ont fait mon succès. Les pseudo-révélations de Morali n'ont d'ailleurs eu aucun impact sur ma carrière car personne n'était dupe.

⋆

N'ayant pas un physique à travailler à la radio, c'est à la télé que je suis devenue incontournable et, comme on dit, un véritable phénomène. Pendant des années je suis passée dans au moins trois émissions par semaine.

Je me souviens de la première d'entre elles, un « Sacrée Soirée », de Jean-Pierre Foucault. À la fin de l'enregistrement de *Et je danse* Gérard Louvin, le producteur, s'est exclamé : « Ouf, une bouffée d'air pur », adorable petite phrase qui restera à jamais dans mon cœur. Louvin ne doit même pas se douter de l'importance qu'elle a eue pour moi. En la prononçant il a gagné ma reconnaissance éternelle. Avec son équipe j'ai enregistré deux émissions qui demeurent dans les annales pour des petites scènes naïvement osées qui montraient la belle complicité que j'avais avec Jean-Pierre. Mon décolleté plongeant le fascinait. N'y tenant plus, il m'avait un soir demandé :

— Ils sont vrais ces jolis seins-là ?

— Vérifiez.

Et il n'avait pas retenu son geste. Sur TF1 à 21 heures, les téléspectateurs avaient soudainement attrapé la fièvre.

Un autre soir, tout excité par une rose rouge

négligemment oubliée entre mes seins, Foucault avait osé :

— Et cette fleur, là, je peux la prendre ?

Ni une ni deux, il se mit à la cueillir... avec les dents. En plein prime time ! Tout le monde avait bien ri et moi j'aimais jouer les aguicheuses de plateau en plateau, du moment que ce n'était pas pervers.

*

Michel Drucker aussi m'a fait venir dans ses émissions. Il me plaçait au début, au milieu et à la fin de ses « Stars 90 », s'assurant de la sorte que personne ne zappe. À la fin de l'enregistrement, on faisait des pots sur le plateau, on riait beaucoup, puis on sortait dîner avec sa femme, Dany Saval. Quels bons moments nous partagions ensemble. Michel m'adorait, tout son entourage disait que je lui rappelais Dany.

Un jour, nous étions allés enregistrer un « Stars 90 » au Futuroscope de Poitiers, mon amie Catum m'accompagnait. Didier Barbelivien et Félix Gray faisaient partie du voyage avec leurs deux petites danseuses, en pleine époque de leur duo *À toutes les filles*.

Ayant chanté ma chanson moulée dans une robe en caoutchouc de Lionel Cros, un couturier d'avant-garde – qui depuis est décédé lui aussi du sida, je salue sa mémoire –, je suis apparue comme une poupée de bande dessinée. Que tout le monde voulait toucher. Barbelivien, éberlué, écarquillait les yeux et j'ai bien vu que, progressivement, il se muait en fan et avait des démangeaisons dans les mains. Bref, Didier semblait craquer pour moi. Au retour, vers 23 heures, dans le grand hôtel où nous étions logés, dans tous ses états, il a fait déboucher des bouteilles de champagne, couper des rondelles de saucisson, et entamé une fête à tout casser. Lorsque nous avons regagné nos chambres vers une heure du matin, pété, ivre mort même, Barbelivien est devenu très attachant. Il voulait à tout prix me border, ce drôle de phénomène. Prudentes, Catum et moi avons bloqué la porte avec la commode. Dans le couloir Félix et Didier tambourinaient, suppliaient qu'on les laisse venir nous souhaiter une bonne nuit. Nous étions écroulées de rire mais n'avons pas cédé. Finalement ils ont abandonné la partie. Nous avons remis la commode en place et sommes allées cuver dans notre lit. Le lendemain, réveillées en pleine forme bien que légèrement pâteuses, nous avons constaté que l'ami Barbelivien dormait entre nous à poings fermés : nous ne nous étions aperçues de rien !

C'est une toute petite anecdote marrante sur quelqu'un du métier, un être cultivé et délicieux, une personne rare. Il n'y a rien eu entre nous car j'étais mariée, mais j'aurais pu l'aimer. Je tiens à lui rendre mille grâces car il m'a prouvé qu'il avait beaucoup de cœur : à une époque où j'ai manqué d'argent – avant le règlement de la succession de mon mari –, je lui ai demandé de m'écrire une chanson. Et ce grand monsieur de la chanson française l'a fait. GRACIEUSEMENT. Des hommes de qualité comme lui, il y en a fort peu.

⋆

J'ai adoré aussi travailler avec Patrick Sabatier, un être merveilleux dont Isabelle, la femme, est extraordinaire. J'ai participé à nombre de leurs émissions. Quand le réalisateur Rémy Grumbach me filmait, il mettait – ce coquin – la caméra au sol pour que mon string – si j'en portais un ! – ait la vedette. Je n'en prenais pas ombrage, c'était mon personnage. J'ai participé à l'« Avis de Recherche » de Frédéric Mitterrand en septembre 1989 où j'ai chanté ma chanson d'alors *J'm'en balance*. Après, je me suis assise sur les genoux de Frédéric qui a posé sa main sur mon cœur et l'a senti battre la chamade. À l'époque, encore très intimidée par les caméras, j'avais de légères palpitations.

— Son cœur bat comme celui d'un petit animal, révéla alors Frédéric, tout ému.

Touchés, quantité de téléspectateurs m'ont envoyé des lettres attendries.

⋆

Le délicieux Bernard Montiel, lui, a toujours été extrêmement gentil en m'accueillant dans ses programmes. Tout comme Patrick Sébastien dont la femme, Nana, est adorable. J'étais du reste abonnée aux « Sébastien, c'est fou » et à toutes ses émissions, sur la Une comme la Deux. Patrick a toujours été un fidèle ami, il ne m'a jamais trahie même s'il s'est parfois montré taquin à mon égard. Ce qui m'a un peu agacée. Notamment lorsqu'il se répandait dans Tout-Paris en disant que j'étais mieux habillée que nue. Lorsque c'est revenu à mes oreilles, je l'ai appelé tout simplement :

— Ce n'est pas digne d'un homme de qualité comme toi, Patrick. Laisse-moi tranquille.

Et je lui ai rappelé tous nos bons souvenirs. La séquence de la rosée, par exemple. Je lui avais raconté en effet que dans mon village charentais, le 1er mai, les vieilles femmes se roulaient nues dans la rosée pour avoir de l'argent toute l'année. L'idée l'avait séduit mais filmer des paysannes nues à l'aube ne branchait personne. Le génial Sébastien avait alors trouvé la parade :

— On va le filmer, mais c'est Lova qui sera nue dans l'herbe.

Banco ! Pierre Bellemare a réalisé le clip. Plutôt coquin, mais divin, selon Étienne Mougeotte qui m'a fait venir à TF1 après l'avoir visionné.

— C'est tellement beau, vous êtes un bijou dans un écrin, me complimenta-t-il.

La séquence a été diffusée avec succès en prime time et rediffusée très souvent par la suite.

Après ce passage mémorable, Claude Carrère m'a contactée et proposé un projet intitulé « SOS fantômes », nouveau concept destiné à TF1. Les frères Marouani étaient dans l'affaire. Un pilote a même été tourné. De l'avis de tous, il était sublime et devait trouver sa place dans les programmes de la Une quand une bagarre a éclaté entre la chaîne et Dominique Cantien, qui est partie. Tous les projets ont été gelés. Finalement, TF1 a racheté les droits de l'émission et rendu son argent à Carrère. Mougeotte, en revanche, m'a fait venir :

— C'est un pilote extraordinaire mais nous devons abandonner ce projet qui rencontre trop de difficultés. Ne vous inquiétez pas, nous allons vous proposer une autre émission en remplacement de celle-ci. Vous faites partie de la maison, au même titre que les grands.

Bien que vague, ce projet mirifique m'a rassurée. J'ai attendu, attendu mais n'ai plus jamais eu de nouvelles. M. Mougeotte, grand monsieur, a tellement à faire qu'il a dû oublier. La petite Lova, poussière d'étoiles de la galaxie TF1, a disparu de son télescope pour ne jamais y revenir !

★

Les autres chaînes ont continué, elles, à me réclamer. J'ai enchaîné les tournages et tenu des années à ce rythme. Cette médiatisation était une publicité formidable pour le Crazy que je citais à tout bout de champ. Encore aujourd'hui d'ailleurs, partout où je vais on me parle du cabaret. Même les provinciaux qui n'ont jamais mis les pieds dans la capitale et encore moins avenue George-V font le rapprochement. Et pourtant ils ne m'ont connue que par la télé, preuve bien réelle que j'ai fait connaître le Crazy et que pour les téléspectateurs Lova Moor = Crazy Horse Saloon.

⋆

Pourtant, quand j'ai commencé cette nouvelle carrière, j'ai quasiment dû arrêter le cabaret, ne pouvant assurer les deux à la fois. Toutefois, de temps en temps je revenais avenue George-V faire mon numéro. Nostalgie ? Non, pour de grandes occasions telles la venue d'une star qui émettait le souhait de me voir danser ou l'arrivée d'un public d'Américains qui m'avait réservée à l'avance. Du travail à la carte en quelque sorte. Je me souviens d'avoir fait mon numéro devant Liza Minnelli, autour d'une barre, sur la voix d'Eartha Kitt... Même mariée, même vedette de la chanson, star de la télévision, j'ai continué, vaillant petit soldat, à me produire au Crazy. Et ce jusqu'à la mort de mon mari, en 1994.

⋆

Voilà trois ans, fatiguée, j'ai décidé d'arrêter cette médiatisation. Alors que j'étais en pleine gloire et que mon fan club recevait des milliers de lettres. Les mamans me faisaient même toucher leurs petits en disant : « Aie confiance, elle est des nôtres. » Pour les petites filles, j'étais l'incarnation grandeur nature de leur poupée Barbie. Le pédopsychiatre Marcel Rufo assure que les fillettes se disent : « Plus tard je serai comme elle. Avec ses vêtements provocants elle me montre tout ce que je n'ose pas imaginer de ma sexualité future. » Après moi il y a eu Ophélie Winter, aujourd'hui c'est Lorie. Toujours des blondes, aux grands yeux étonnés, comme Barbie. On comprendra que je sois contente que ma popularité soit interprétée en ces termes par un spécialiste de l'enfant car j'ai toujours agi par jeu, d'une manière toute enfantine. Ni garce, ni salope, je jouais comme lorsque j'étais petite fille et à aucun moment je n'ai été aguicheuse dans un but pervers.

Avec le recul, je réalise cependant que mon attitude pouvait être interprétée comme extrêmement provocatrice. Je m'aperçois ainsi que j'ai véhiculé l'image d'une bombe sexuelle, alors que j'étais réservée, timide, pantouflarde. Je me compare en fait aux comédiennes qui créent des personnages à l'écran mais qui, dans leur vie, restent ce qu'elles sont, c'est-à-dire elles-mêmes. Entre Marie-des-Charentes et Lova-du-Crazy, il y avait les feux de la rampe.

Les enfants, eux, n'étaient pas dupes : ils savaient bien que j'avais gardé mon âme de sauvageonne. Et c'est pour cette raison, qu'innocemment, ils m'aimaient.

La Paix

Chapitre 19

Reconversion

Le premier Noël qui a suivi la mort d'Alain Bernardin je me suis retrouvée seule dans mon appartement de l'avenue Montaigne, à côté du Crazy, mon ancien havre. Le téléphone posé à côté de moi, je regardais la tour Eiffel illuminée, espérant le coup de fil qui m'éviterait de passer cette fête en solitaire. Et l'appareil n'a pas sonné. J'ai compris beaucoup de choses cette nuit-là. J'ai compris qu'on naissait seul, qu'on mourait seul et que toute sa vie on était seul. Malgré le monde entier qui vous entoure. Une leçon essentielle à assumer, là encore seule.

Lorsque le bateau coule les rats l'abandonnent, dit le dicton. Personnellement j'ai constaté la vérité de cet adage populaire très rapidement. Les rats m'ont laissée dans le chagrin et les ennuis financiers. J'ai alors fait le ménage dans mon carnet d'adresses. Quand, bien après, ma situation s'est améliorée, tous ont essayé de revenir sur le bateau, mais j'ai été sans pitié : je les ai chassés d'un grand coup de balai.

★

Tant que la succession n'a pas été réglée, j'ai eu effectivement quelques soucis matériels et des angoisses terribles. Heureusement, le bon Dieu veillait. Mon attaché de presse Denis Goise – qui remplaçait Axel Schmitt – m'a organisé un rendez-vous avec un homme d'affaires qui souhaitait promouvoir un nouvel engin de sport. J'ai rencontré Hervé Coral, un bel homme – petit de taille mais grand de cœur et d'intelligence – qui m'a annoncé ses projets :

— Je voudrais faire connaître SportElec, un nouvel appareil de musculation. Voulez-vous en faire la pub à la télé ?

Séduite, j'ai sauté sur cette occasion – inespérée – de me renflouer et je suis allée à Rouen où il avait sa société. Quand sa femme nous a rejoints, j'ai vu arriver une bombe sexuelle, qui aurait pu faire concurrence à Claudia Schiffer. Et, intérieurement, je l'ai mal jugée : « C'est une emmerdeuse en puissance ; cela m'étonnerait que le courant passe entre nous », me suis-je dit. Or, contrairement à ce vilain a priori, c'était une femme charmante, comme son époux. Karine et Hervé Coral voulaient investir un million de francs d'économies et si possible gagner de l'argent. Un pari remporté au-delà de nos espérances. Tous les trois, nous avons suivi un chemin merveilleux. J'ai fait les spots pour la télé et l'appareil s'est vendu à des millions d'exemplaires. La société a gagné beaucoup d'argent puis est entrée en bourse. Nous avons formé un trio d'amis, un grand amour – platonique évidemment – nous liant. Ce couple beau, aux enfants merveilleux, m'a adoptée. Et pendant un ou deux ans, nous avons fait une fête incroyable.

Par effet boule de neige, mon succès en a entraîné un autre. Denis Goise m'a fait connaître un jeune homme prénommé David avec lequel j'ai créé un parfum « Lova Moor de Paris », produit par son cousin Hubert. La fragrance a été distribuée à Dubai, Miami et dans les grandes surfaces françaises – Carrefour, Leclerc – et a cartonné. D'ailleurs nous allons vraisemblablement renouveler l'expérience. Davidou, Denis, Hubert et moi avons énormément voyagé pour promouvoir le parfum et beaucoup ri. Pendant trois ou quatre ans le flacon s'est d'ailleurs vendu formidablement bien. Pour lancer ce parfum est née l'idée d'une soirée aux Bains Douches. Denis et David ont invité nombre de célébrités, toute la presse, et avaient besoin d'une marraine charismatique : j'ai suggéré Line Renaud.

Line Renaud était une grande amie de mon mari, une intime même, invitée à notre mariage, habituée des goûters-tennis dominicaux de Louveciennes. Dans les premiers mois de mon veuvage, elle m'appelait d'ailleurs souvent, prenait gentiment des nouvelles du règlement de la succession, mes conflits avec la famille éveillant en elle des craintes personnelles :

— Tu sais, je suis très angoissée. Si Loulou disparaît... Dans les familles, les problèmes d'argent sont toujours délicats. Et toi, ce que tu subis est moche.

L'ayant trouvée assez proche de moi et très chaleureuse, j'ai cru qu'elle se réjouirait à l'idée d'être à mes côtés pour le lancement de ma fragrance. Les deux attachés de presse lui ont donc envoyé un carton d'invitation qui stipulait : « Line Renaud, marraine de la soirée. » Certes, ils avaient mis la charrue avant les bœufs en ne prenant pas la précaution d'obtenir au préalable son accord, mais il s'agissait de gamins – ils avaient tout juste dix-neuf ans – et on pouvait comprendre leur petite erreur professionnelle. Tout était donc organisé quand, la veille de la manifestation, l'avocat des Bains Douches m'a appelée :

— Lova, il va falloir annuler la soirée : Line Renaud vous attaque en référé pour usage abusif de son nom.

Le ciel nous tombait sur la tête et moi des nues : notre intention n'était aucunement de la prendre en traître, ou de lui forcer la main en quelque sorte, mais de la mettre à l'honneur. Complètement catastrophée par la réaction inattendue de cette femme de cœur, qui se dévouait toujours à de nombreuses causes, le sida notamment, et qui est adorée dans le métier, j'ai appelé mon avocat, Me Jean-Gilles Halimi.

— Ne t'inquiète pas, m'a-t-il rassurée, je vais plaider demain matin. Nous allons convaincre le juge de notre bonne foi.

À midi nous avions le jugement :

— J'ai obtenu gain de cause. La soirée aura lieu. Mettez simplement une affiche dans l'entrée des Bains Douches qui dit : « Mme Line Renaud n'assistera pas à cette soirée. » La magistrature a bien ri car ce référé était exagéré.

Cette femme m'avait toujours témoigné de la gentillesse, de l'amitié, et je n'ai pas compris sa réaction, que j'ai trouvée disproportionnée. J'ai été un peu déçue mais cela ne m'empêche pas de l'admirer toujours et de trouver l'artiste formidable.

*

Entre mon parfum et SportElec, je refaisais surface et financièrement me rééquilibrais. En multipliant les déplacements je devenais une vraie petite fourmi affairée, situation qui m'accaparait l'esprit puisque mon moral subissait toujours des atteintes graves.

Le personnel du Crazy, dans son ensemble, m'avait tourné le dos. Des personnes que je connaissais depuis quinze ou vingt ans changeaient de trottoir quand elles me voyaient arriver au loin. Des employés que j'adorais et qui m'adoraient ne m'adressaient plus la parole. Comme si j'étais une criminelle. Par la suite j'ai compris qu'on leur avait monté la tête. J'en ai énormément souffert d'autant que j'habitais toujours à quelques mètres du Crazy et que nous étions appelés à nous croiser souvent.

Sophia fut la première à se détourner, sans doute pour conserver son emploi. J'avais pourtant fait beaucoup pour cette danseuse, notamment quand Alain Bernardin avait voulu s'en séparer, jugeant qu'elle avait fait son temps. J'ai supplié mon mari de lui proposer un rôle d'intendante des danseuses. Quand elle a voulu acheter sa propre maison, je l'ai aidée à la trouver, et même à la financer. Étais-je naïve de croire en son amitié, moi qui l'ai emmenée dans de nombreux voyages ? Sans doute. En tout cas, je me suis sentie trahie.

D'autres ont suivi le même chemin, me poignardant même dans le dos, refusant de m'adresser la parole avec une veulerie rare. Alors que moi, personne ne m'aurait empêchée de parler à quelqu'un que je connais et apprécie.

Polly Underground, une Allemande du Crazy, d'abord danseuse puis secrétaire, m'adressa, elle, la parole, mais pour m'asséner de virulents reproches. Ayant ouvert une ligne téléphonique pour les gens qui veulent se marier, comme Évelyne Leclerc et toutes les vedettes du petit écran, avec de la publicité dans certains magazines, elle a éprouvé le besoin de me dire :

— Ce n'est pas bien, cette ligne salit l'image du Crazy.

Certes, le Crazy est un spectacle artistique, mais c'est quand même un show avec des filles nues avant tout !

— Écoute, lui ai-je répondu, j'ai fait des télés pour glorifier ce cabaret pendant que toi tu tapais à la machine. Je ne salis rien du tout, le Crazy n'est pas un couvent mais un spectacle érotique. Je n'ai jamais fait de porno et je ne crois pas que Bernardin m'aurait choisie pour épouse si je n'avais pas eu une image respectable.

*

Ce genre de vindicte se poursuit encore. Michel Drucker a ainsi fait une grande émission de télévision pour célébrer, en 2001, le cinquantenaire du Crazy. La famille Bernardin a été invitée mais pas moi. Oubli d'autant plus incompréhensible que j'avais maintes fois travaillé avec Michel, que nous avions de très bonnes relations et que je l'ai toujours considéré comme un ami que j'affectionne particulièrement. J'ai supposé que la Famille avait mis son veto à ma présence et que le bon Drucker avait dû s'exécuter. J'ai râlé, Michel a compris mon point de vue et a proposé un compromis :

— Nous allons t'enregistrer chez toi. Fais-moi confiance, tu interviendras plusieurs fois au cours du programme. C'est légitime, c'était ton mari, c'est une partie de ton histoire.

De l'interview réalisée à domicile n'ont été diffusées que quelques minuscules secondes : j'étais filmée en paria et montrée à la sauvette. Après tant d'années de vie commune avec Alain Bernardin, ce traitement n'était pas juste : pourquoi me réserver une portion congrue ? Comme il me restait une profonde blessure de mes années de guerre avec la Famille qui ne me considérait plus que comme un fantôme du passé, la plaie s'est rouverte. Ce jour-là, j'avoue que j'en ai voulu à Michel que j'aimais pourtant beaucoup. Lorsque nous avons pu nous expliquer, il m'a dit :

— Tu as raison, mais tu aurais dû être plus forte que moi, t'imposer et venir sur le plateau.

Michel ne faisait que son métier et son intention n'était pas de me blesser. J'ai démonté tout le mécanisme, l'ai analysé, ai tourné la page ; et cette bonne leçon m'a fait grandir. C'est ce qu'on se dit lorsqu'on est une personne positive. D'ailleurs merci Michel – ne viens-tu pas de m'annoncer un superbe cadeau pour la sortie de ce livre ?

⋆

C'est à cette occasion que j'ai réalisé être encore la bête à abattre. Des années après la mort de mon mari, on me haïssait toujours. On persistait à nier mon passé en refusant de me faire apparaître dans l'historique du Crazy alors que j'en avais le droit. Appartenant à l'histoire de cet établissement, comment pouvait-on m'effacer ainsi ? Des milliers d'articles et des kilomètres de pellicules sont là pour prouver mon œuvre au Crazy : qu'on le comprenne, on ne peut pas me gommer. Alain n'avait-il pas, ainsi, répondu lors d'un « Stars 90 » de Drucker sur le show, à la question :

— Si vous disparaissiez qui serait capable de tenir le Crazy ?

— La seule capable, c'est mon double, c'est Lova, Lova Moor. C'est la seule.

Alain, avec tout son talent, avait créé le Crazy et moi, grâce à mes innombrables passages dans les émissions de télévision et à mes galas en province, je l'avais popularisé dans la France profonde. J'ai donc le sentiment légitime d'avoir contribué à donner ses lettres de noblesse à ce show et, en quelque sorte, d'avoir parachevé l'œuvre de son fondateur. Je ne demandais qu'à transmettre mon savoir mais sa famille n'a pas jugé bon d'accepter mon potentiel !

Ce que je déplore, c'est qu'en 2003, si le Crazy Horse Saloon marche bien, ce dont je me réjouis, Alain Bernardin y est oublié ! Le 15 septembre, aucun de ses anciens employés ne se déplace au cimetière de Louveciennes pour lui apporter une fleur. Certes, il était dur, compliqué, se comportait en dictateur, mais c'est grâce à lui que tout ce monde a mangé durant cinquante ans !

Trop jeune, trop belle, trop connue, j'ai été traînée dans la boue parce que Bernardin m'avait trop aimée. Qu'on m'ait poignardée pour que je n'existe plus, je peux le comprendre, l'accepter, vivre avec, mais qu'on néglige la mémoire d'un bienfaiteur, je ne pardonne pas.

*

Heureusement, tout le show business ne m'a pas tourné le dos à la mort d'Alain. Ainsi, Patrick Sébastien et sa femme Nana m'ont toujours défendue. À chaque fois que j'ai demandé à apparaître dans une émission, cet homme de cœur m'a fait venir. Parfois ce fidèle me charriait, me taquinait mais sans gravité, avec bonhomie et tendresse. Patrick Le Lay, le P-DG de TF1, a lui aussi répondu présent quand on m'a mis des bâtons dans les roues. Si je lui téléphonais, lui écrivais et l'attendrissais, il arrangeait mes petits problèmes. À la mort de mon mari il m'a du reste écrit pour me remonter le moral un mot très gentil que je n'oublierai jamais. Vincent Lagaf', de son côté, s'est montré tout autant attentif. Ayant passé sa première audition d'artiste au Crazy, nous avons toujours gardé des liens d'amitié. Par ailleurs, Gérard Louvin m'a apporté beaucoup. À chaque fois que je le rencontre au Club de l'Étoile, la boîte qui lui appartient, il s'assoit, me parle, m'offre le champagne – bien que j'aie arrêté toute activité artistique –, comportement d'une élégance plutôt rare dans ce métier. Daniel Moine, son ami et associé, prend tout autant soin de moi. Quant à Patrick Sabatier, Michel Denisot, Bernard Montiel, Christophe Dechavanne et plein de personnes de télé moins célèbres, tous me manifestent encore une certaine sympathie.

Marc-Olivier Fogiel, que j'ai connu à l'époque Denisot/Canal +, m'embrasse quand je le rencontre et, en privé, se montre sous un jour adorable. Pourtant dans ses émissions il se complaît à me casser, à se moquer de moi, et de mon âge comme si j'avais quatre-vingt-dix ans. J'ignore pourquoi il m'utilise comme tête de turc, s'arroge souvent le droit d'humilier et rabaisser ses invités, mais je suis très solide, très forte et je tiens le coup. La cruauté ne sert à rien quand elle tombe sur les faibles pour épargner les puissants.

Thierry Ardisson se moque également des gens, mais avec un peu plus d'humour et un grand sourire. Ses prestations restent dans la limite de la moquerie intelligente, pour le plaisir et la beauté de la joute oratoire. Les émissions que j'ai faites avec lui ne m'ont laissé que de bons souvenirs. Pour continuer la comparaison entre ces deux adversaires du petit écran, je dirais que, dans la vie, Fogiel est beaucoup plus tendre qu'Ardisson, mais qu'à l'écran ce dernier manifeste plus de respect d'autrui. Personne n'osait le dire, voilà qui est fait... Et si vous souhaitez, messieurs, en parler, je me tiens bien sûr à votre disposition.

*

Pendant que j'y suis, évoquons aussi ces méchantes langues parisiennes qui persistent à s'en prendre à moi. Parce que je m'entretiens et que je suis une belle femme, il est d'usage d'adopter un ton de connivence pour asséner : « Elle est refaite des pieds à la tête. » Or c'est faux. Alain Bernardin n'a jamais engagé de boudin. Contrairement à certaines personnes dans le métier je suis née avec une grande bouche et mes photos d'enfant le prouvent. C'est d'ailleurs ce qui constituait ma particularité au Crazy lors d'un acte rigolo et sexy à la fois. Avis aux détracteurs : ma bouche est naturelle. Quant à mon corps qualifié de siliconé, je crois que si je ne l'avais pas eu Alain Bernardin n'aurait pas fait de moi la vedette de son show. Que les imitateurs et les mauvaises langues arrêtent donc de se gausser. Quant à l'âge, tout le monde sait qu'il s'agit d'un sujet délicat pour un artiste. Un artiste n'a pas d'âge, et s'il en avoue un c'est qu'il est encore très jeune ou qu'il s'enlève des années. Je me soigne, je m'entretiens, je fais jeune. Qu'est-ce qu'on voudrait ? Que j'aie l'air malade ? Que je boite ? On doit accepter que j'aie encore l'envie de plaire et de séduire.

★

Un jour, alors que je ne connaissais pas Jean-Luc Lahaye, il m'a laissé deux messages sur mon portable.

— Bonjour Lova Moor. J'ai un endroit qui s'appelle le 287 qui marche pas terrible. Je voudrais faire quelque chose avec vous.

Comme je ne l'ai pas rappelé, parce que ma préoccupation n'était pas de travailler à ce moment-là, il m'a laissé deux autres messages, le dernier assénant :

— Tu es bien comme les gens du métier, tu ne rappelles pas.

Piquée au vif, j'ai pris immédiatement mon téléphone et il m'a demandé un rendez-vous. J'ai accepté.

— Est-ce que tu pourrais me monter un spectacle de music-hall ? m'a-t-il demandé.

— Pourquoi pas ?

Comme, honnêtement, il m'a fait comprendre qu'il rencontrait des difficultés financières, je lui ai parlé en homme, très directement :

— C'est simple. Toi tu paieras les danseuses. Moi, grâce à mon attaché de presse qui sera rémunéré par mes soins, je vais t'obtenir toutes les télés. On va faire les éclairages à l'économie et, si ça fonctionne, tu me donneras 10 % sur la recette. Pas besoin de contrat, je te fais confiance.

Le spectacle a commencé. La salle, très grande,

accueillait dans les mauvais jours près de 250 spectateurs, ce qui n'était pas si mal. Mais contre toute attente, j'ai dû me battre avec mes plumes de meneuse de revue sur la tête pour que les régisseurs poursuivent le spectacle, pour que les danseuses obtiennent leur dû. Souvent en pure perte. J'ai même un peu utilisé mon chéquier. À fonds perdus. Les langues de vipère ont bien fait leur boulot et m'ont donné tous les torts. Sans rien savoir, comme d'habitude. Et avec la même gourmandise perverse à l'idée de décrier la « strip-teaseuse ».

Surgie du fond de ma mémoire, une autre anecdote me revient à ce propos. Dans les années 90, les robes du soir brodées de perles étaient à la mode et, pour mes soirées, je les achetais chez Azzaro. Un jour j'arrive dans les ateliers de Loris, un homme élégant et cultivé, et tombe sur Arielle Dombasle, une femme ravissante qui, d'emblée, m'a fait un charmant compliment. Quant à la femme de Loris, elle me lance :

— Vous avez une tenue extraordinaire, je voudrais porter la même. D'où vient-elle ?

Vif et sarcastique, Loris lui jette :

— Tu n'es pas une strip-teaseuse, tu es Mme Azzaro. Tu ne peux pas porter cela.

Je l'ai regardé, choquée par son dédain si brutal et lui ai rétorqué :

— Je ne suis pas une strip-teaseuse mais une danseuse, et le Crazy est connu dans le monde entier. Au moins aussi prestigieux et respectable que ta maison de couture du faubourg Saint-Honoré.

Pourquoi cette mesquinerie et cette réflexion rabaissante ? Parce que, à tort, on ne considère par le cabaret et le music-hall comme un art. Pourtant, comme le théâtre ou le cinéma, ils génèrent de belles recettes. Rendons donc hommage à cet art considéré comme mineur en France. Et à tous les artistes de music-hall, de la danse ou du cabaret que, trop souvent, on ne prend pas au sérieux. Pendant une quinzaine d'années, chaque soir des centaines de personnes venaient du monde entier au Crazy voir Lova Moor. Est-ce dérisoire ?

⋆

Et est-ce utile, tant d'années après, de toujours nier mon travail et ce que j'ai apporté à cet établissement mythique ? Je ne le crois pas, même si certains, dont des attachés de presse du Crazy, usent encore d'un langage vipérin pour me nuire et me rabaisser. Par quelle impolitesse et bêtise parle-t-on, en ce lieu, de moi, en disant « ça » ? Et pourquoi, aujourd'hui encore, me mettre des bâtons dans les roues ?

Car le travail de sape se poursuit. Au moment où s'écrivent ces lignes, une dernière péripétie m'oppose à la famille du Crazy. J'ai été sollicitée au début de l'année par France 3 pour coprésenter avec le danseur Patrick Dupond une émission sur le music-hall, enregistrement prévu au Paradis Latin. Mais, la veille du tournage, la production a été menacée par la direction du cabaret :

— Si Lova Moor est sur l'émission, nous retirons les dix minutes de film sur le Crazy, a-t-on dit en substance. Nous nous opposons à sa présence car elle a une très mauvaise image, dévalorisante pour le Crazy.

Branle-bas de combat à la prod, chez les attachés de presse et les avocats. Certes, je n'ai rien à voir avec le Crazy actuel et rien ne m'autorise à faire le moindre commentaire sur le spectacle, mais là il s'agissait d'une émission générale sur le music-hall où le Crazy tenait une part infime.

Refusant de mettre le producteur dans l'embarras, je choisis de ne pas faire cette émission. J'ai appelé le service de presse du cabaret pour dire ce que j'avais sur le cœur. Mon interlocuteur, dédaigneux, m'a asséné :

— Je ne vous connais pas, je ne sais pas qui vous êtes.

— Peut-être que vous ne me connaissez pas, vous, mais la France entière, elle, sait qui je suis.

Chapitre 20

La renaissance

Le matin j'ouvre les rideaux et je vois mes arbres. Je me sens bien, même si ma verdure en pots n'est qu'un ersatz de forêt. Je me suis arrangée pour être près d'un bois parisien, avec la nature à ma portée. Fanatique de la forêt, je m'y ressource et, dès que possible, je pars en randonnée. J'enserre les arbres, qui me donnent de l'énergie, tout ce vert m'apportant santé et bonheur. Et quand mes pieds foulent l'herbe, je sens battre le cœur de la terre.

⋆

J'avais quitté Louveciennes sans même une brosse à dents. Dépouillée. Tout ce qui pouvait me rappeler mon ancienne vie était resté derrière moi. À l'exception de mon esprit plombé par le deuil. Qui suffisait comme bagage encombrant. Je suis revenue à Paris, pour être moins seule, plus près de mes connaissances.

Je n'aimais que le VIIIe arrondissement. Mes tourments, hélas, étaient encore trop présents pour que je me sente bien dans le grand appartement de l'avenue Montaigne qui rappelait trop ma jeunesse et ma magnificence. Lorsque mes moyens me l'ont permis, j'ai choisi d'habiter le dernier étage d'un immeuble parisien, près de l'Arc de Triomphe. Pas dans le Triangle d'or, mais à proximité. J'ai construit mon antre sur un toit sans vis-à-vis où tout est blanc, baigné de lumière. Avec une terrasse et de la verdure. Les oiseaux viennent me tenir compagnie. Comme à Louveciennes, ils se perchent sur les branches et je leur donne des graines en leur faisant des compliments.

Comme avant, je suis restée une âme romantique. Lorsque je vivais dans mon ancienne maison, j'aimais, d'une fenêtre, regarder pendant des heures le paysage. J'observais mes chats sans me lasser, mais aussi les oiseaux, le passage du vent dans les frondaisons. Je connaissais un tel sentiment de plénitude que j'installais une toile sur un chevalet et j'essayais de restituer le décor à coups de pinceau. J'avais l'inspiration mais, hélas, pas le talent et le résultat n'était pas terrible, mais je m'en fichais, je m'exprimais.

Mon petit paradis s'est recréé progressivement dans le nouvel appartement. Je l'ai voulu entièrement blanc : murs, sols, meubles, bibelots, lustres de verre, la touche de couleurs venant des fleurs, passion de toujours léguée par ma grand-mère Odette. La décoration aurait pu devenir un second métier, mes goûts étant formés par Bernardin, mais aussi Delon. J'ai ainsi beaucoup aimé ses différents appartements et m'en suis inspirée pour le mien. Tous les deux mois je change tout, en gardant la base blanche. Soit je crée une jungle avec de la panthère partout, soit j'invente une ambiance marocaine avec du rouge carmin. C'est un voyage immobile, au gré de mon humeur. Immuable, sur un pan de mur, trône un tableau de moi nue, peint par une danseuse du Crazy. Cette œuvre n'est pas très belle mais on me reconnaît. Et puis il s'agit d'un bon souvenir.

★

Il a fallu que je réapprenne les gestes du quotidien. Avec Alain Bernardin, j'étais dans une bulle, je ne faisais plus rien. J'avais un chauffeur, des secrétaires, des femmes de chambre mais, à la mort du boss, tout le monde a été dispersé. Livrée à moi-même, je me suis sentie perdue. Même mes courses, je ne savais plus les faire. Aller au Shopi à côté de chez moi, prendre un panier, un Caddie, relevait du calvaire. Réalisant à quel point je m'étais éloignée du monde réel, j'ai tout réappris.

Petit à petit je me suis habituée à mon nouvel environnement. Au début j'étais comme une bête curieuse, les commerçants sortaient de leur boutique pour m'observer. J'avais très peur du regard des autres et qu'on m'approche, qu'on me parle. Maintenant je fais partie de la vie du quartier, que je trouve très romantique. On m'a adoptée. Je vais boire des apéritifs avec les commerçants. J'ai sympathisé avec une petite jeune femme, Rosie, et son mari Yannick. Aussi beaux physiquement que moralement, ils font désormais partie de ma bande, un groupe patiemment reconstitué.

Chassée de la troupe d'artistes où j'avais toujours vécu, rejetée comme un corps étranger par la famille de mon mari, je me suis retrouvée bien seule. D'autant que je n'ai pas fait d'enfants, jamais les deux hommes de ma vie ne m'ayant convaincue d'en avoir quand il était temps : Delon, le grand amour, me faisait trop peur, Bernardin, l'amour naissant, était marié et apparemment restait auprès de sa femme. Je pensais : « On verra plus tard » et les années ont passé ainsi, entre deux hommes, deux incertitudes. Ensuite, j'ai connu un problème de santé et je n'ai plus pu être maman.

Au décès d'Alain, les « amis » se sont évaporés. La source à dollars s'étant tarie, les chameaux ne sont plus venus s'abreuver. Même Catum est partie. Catum, mon inséparable, le témoin des événements les plus grands de ma vie, la consolatrice des premiers mois de mon veuvage, n'a plus guère de temps pour moi. Comme je regrette ! Heureusement elle m'avait présenté il y a très longtemps son amie Anne-Marie et sa fille Ambre qui, elles, sont restées des intimes.

Parmi les copines et copains certains n'ont pas supporté que je me remette sur pieds financièrement. On m'aimait malheureuse, peut-être espérait-on me voir sombrer dans la misère et payer ainsi la chance insolente qui avait été la mienne. D'autres ont estimé avoir un droit de regard sur mon travail et mes revenus, voulant que je partage avec eux. Or ce genre de relations je m'en passe. J'ai donné là aussi un grand coup de balai.

Je me suis donc reconstruit une famille, une troupe. J'ai renoué avec une ancienne danseuse, Lily Paramount, de son vrai prénom Karine, qui, par ses facéties, savait me redonner le moral dans les coulisses du Crazy. Elle avait épousé le producteur Paul Lederman, quitté pour Marc, un charmant garçon.

Annie, anciennement Braslave et costumière du Crazy, est maintenant l'épouse de Claude C., un grand transporteur. Très importante après le décès d'Alain et dans les moments très durs, elle m'a aidée dans des domaines assez compliqués qui me paraissaient étrangers. Au moment où je me suis retrouvée dans le besoin, elle était là alors que je ne l'imaginais même pas si proche. J'ai découvert ce qu'était un cœur d'or. Merci pour tout, Annie et Claude.

Ma mère spirituelle, c'est Linda Noël, une très

ancienne amie d'Alain Bernardin. Dès mon arrivée au Crazy, elle m'a maternée et n'a plus cessé depuis. La première fois que je l'avais vue, sa beauté m'avait époustouflée : blonde, yeux verts, nez retroussé, type nordique. Sans doute ex-petite amie de mon mari, elle s'était prise d'amour pour moi et fut ma petite maman tout au long de mon parcours au cabaret. Elle se trouvait là pour me guider, me conseiller, m'apprendre les choses de la vie. Alain Bernardin n'étant pas très facile à comprendre, elle m'a ouvert les yeux, m'a protégée de ma naïveté. Partout où j'allais elle était présente. Les escapades, les voyages, elle en faisait toujours partie. Alain a été mon dieu, Linda mon guide spirituel. Je veux, ici, l'en remercier. Elle vit maintenant avec l'ex-beau-frère de mon mari, Alain Vidal, frère de Julia, la seconde femme d'Alain. Trois ans avant sa mort, Bernardin l'avait engagée au Crazy comme aide-costumière. Alain Vidal avait, lui, au Crazy un poste élevé. Forcément, à la reprise par la Famille, des tensions se sont installées et ils ont été sommés de s'éloigner de moi. Les tiraillements ont duré trois-quatre mois mais, un jour, Linda m'a appelée :

— Tu m'en veux de quelque chose ?

— Non, pourquoi t'en voudrais-je ? Je comprends que vous soyez mal, vous êtes entre deux feux.

— La Famille je n'en ai rien à faire. Tu comptes plus que tout au monde pour moi, Lova.

Alors, avec bonheur, nous avons renoué. Et c'est pour toujours. Linda est un pilier de mon existence : nous nous voyons tous les samedis et évoquons nos nombreux souvenirs en commun. C'est une joie de dîner avec eux.

Nous sommes rejoints par des amis que j'ai adoptés. Ils me chouchoutent et me câlinent. Avec Marie-Hélène et Ambre, Karine et Hervé, Rosie et Yannick nous formons une famille inventée, reconstituée.

Batti, lui, est comme mon frère jumeau, mon frère spirituel. Ce Pakistanais, propriétaire d'une boutique de prêt-à-porter, est un joli garçon, merveilleusement gentil. Si j'avais un frère adoptif, ce serait lui. Il m'appelle tous les deux jours et, quand je suis malade, m'apporte mes médicaments. En ménage avec l'une de mes danseuses, la belle Stéphanie, ancienne du Crazy, ils me couvrent de fleurs car ils me doivent leur idylle. Leur mariage est imminent.

Avec ce petit clan d'êtres merveilleux et fidèles, cette petite bande très joyeuse, le dimanche nous nous retrouvons au marché de notre quartier. Puis nous finissons dans un bar. Autour d'un apéritif, nous nous amusons. Les anciens racontent leurs petites anecdotes du passé. Les nouveaux arrivés dans la bande écoutent et regrettent de ne pas nous avoir connus plus tôt.

Je fais de grands dîners chez moi tous les samedis. Flambée dans la cheminée, bougies dans les chandeliers de cristal, je mets les petits plats dans les grands. Mes amis apprécient mes décors et l'originalité de mes tables. Pour eux je m'efforce d'être la fée Mélusine.

Selon ce que j'ai eu envie de préparer, je dresse la table à la cuisine ou dans la salle à manger. Le repas peut être très simple ou très sophistiqué, avec des pétales de roses partout. C'est mon côté spectacle qui ressort : j'aime en faire beaucoup et parfois trop, je le sais et j'assume, avec chandeliers, fleurs, dorures à profusion.

Avec un immense plateau de fruits de mer, commandé dans un restaurant du quartier, je cuisine un poisson, des coquilles Saint-Jacques à l'armagnac, ou un rosbif à l'ail et aux pommes de terre. Je peux faire la potée ou un pot-au-feu, qui cuit de midi à 20 heures. Il y a toujours du fromage de chèvre. Le tout accompagné de bonnes bouteilles : saint-émilion, champagne, etc.

Pour les amateurs, voici une recette charentaise que j'adore : les cagouilles aux lardons.

Faire revenir dans un chaudron en fonte des lardons dans un peu de beurre.

Mettre les cagouilles (escargots) à diminuer dans leur coquille.

Saupoudrer de farine, mijoter 20 minutes, verser du vin blanc, thym, persil ail, laisser cuire 4 heures à feu doux.

Les Charentais sont appelés cagouilles car ils ne voyagent pas : leur pays est tellement beau qu'ils ne veulent pas en sortir, comme les escargots de leur coquille.

★

Les autres soirs de la semaine, nous dînons chez les uns ou les autres, le week-end nous partons en Normandie ou dans le midi de la France. Là, je retrouve Jean-Luc, sa femme Nadia et leur fille Shanen, récemment installés à Cannes. C'est un être délicieux rencontré sur un plateau télé, un grand coiffeur parisien. Privilège de star : je me faisais coiffer à domicile par Jean-Luc, un amour de garçon, qui reste le seul à avoir le droit de toucher à mes cheveux. Il fait maintenant partie de ma famille d'adoption.

Je vais aussi aux collections, toujours fascinée par la mode. Je suis une folle de fringues, j'en ai des milliers et les couturiers m'offrent plein de choses. J'en donne à mes amies, celles qui ont moins de moyens que moi, mais il me reste des centaines de paires de chaussures. Élégantes, mes copines et moi allons parader dans les cocktails parisiens. Nous adorons faire la tournée des bars, des boîtes de nuits, des soirées de premières, des galas. Nous jouons les mondaines, les coquettes, mais attention, pas les cocottes.

Lorsque des amis étrangers viennent me voir, nous nous retrouvons dans les bars des plus beaux hôtels parisiens, plaisir inouï. Surtout si j'ai dans mon verre du champagne à la mûre. Malgré mes origines modestes, j'ai toujours aimé la vie de château, le cristal, la soie. Le luxe, quoi, le grand luxe ! Ma famille a toujours trouvé extraordinaire mon goût pour les belles choses. Qui m'a transmis cela ? Je ne sais car chez moi tout le monde vivait de façon humble et rustique. Mais je suis également heureuse dans la pauvreté. Une maison de bûcheron et une pomme de terre dans la cendre peuvent suffire à mon bonheur. Je passe d'une façon de vivre à une autre avec le même plaisir, parce que j'aime la vie plus que tout. Mon existence ronronne et je voudrais qu'elle tourne ainsi très longtemps. Dans la paix et la sérénité.

⋆

Mes amis m'ayant choisie pour confidente, mes lignes sont en permanence occupées car je suis celle que tous appellent au secours. Me sachant très positive, ils se tournent vers moi quand quelque chose ne va pas. J'essaie de résoudre leurs problèmes et si ce n'est pas de mon ressort j'arrive à leur insuffler de l'énergie. Un soleil, voilà ce que je veux être pour les gens que j'aime. Pour les réchauffer, les éclairer, leur donner de la joie.

Très sentimentale, lorsque je m'attache à une personne, c'est à la vie à la mort et je m'emballe tout de suite. Je crois l'avoir toujours connue, elle fait partie de ma vie, s'installe dans mon cœur.

Cela m'a joué des tours, j'ai souffert de beaucoup de trahisons, mais je suis ainsi. J'ai quand même décidé de me construire une carapace, de ne plus jamais donner trop d'affection et surtout de ne pas déballer ma sentimentalité à tort et à travers. Maintenant je me contrôle, c'est bon. Est-ce que c'est cela, devenir adulte ?

Une puissance intérieure me pousse en outre à oublier les chagrins du passé, les mauvaises choses, les vilaines actions. J'aime me réveiller le matin libérée des tracas après une bonne nuit de sommeil et une longue grasse matinée. En totale épicurienne, j'adore prendre mon petit déjeuner au lit. Chaque jour apparaît à mes yeux comme une renaissance. Je profite de tout, goûte tous les moments de la vie, riche de l'impression d'avoir dix-huit ans. Mes rêves de jeune fille demeurent intacts.

*

Alain disparu, on attendait ma chute, redoutée ou souhaitée, c'était selon... On me croyait fille légère, idiote intégrale : rien dans la tête, tout dans les fesses. Mais je suis à l'exact opposé de cette image : vraie, romantique, pure. J'aime les gens à la vie à la mort, je m'assume, je suis très ordonnée, je sais gagner de l'argent. Si j'ai vécu avec un homme merveilleux et intelligent comme Alain

Bernardin c'est que je devais avoir un minimum de qualités.

Dans la jet-set, les soirées un peu sophistiquées, où j'arrive pimpante, coiffée, habillée par les grands couturiers, on m'observe en coin. Comme si je sortais d'une tombe, comme si j'étais un fantôme. On s'étonne même que je sois à nouveau debout :

— Quel courage, c'est merveilleux que vous soyez retombée sur vos pieds.

Mais que croyait-on ? Que j'allais repartir dans mon village avec ma valise en carton ?

Je dérange encore, d'une certaine façon. Je fais peur aux hommes et les femmes éprouvent de la jalousie. Si toute ma vie j'ai ressenti cette réticence, c'est surtout vrai depuis que j'ai perdu mon rempart, Alain Bernardin. Ceux qui étaient obligés de me faire des simagrées de son vivant se sont lâchés et leurs vils sentiments sont apparus mais, même si je ne suis pas une intellectuelle, je possède une intelligence qui m'a permis de passer à travers les écueils de la malveillance. J'ai écouté mon ange.

Je me suis aussi servie de l'amour du public pour tenir le coup moralement. Toutes ces années ont passé et je reste populaire. Dans la rue ma notoriété est intacte. Souvent on m'arrête : « Bonjour Lova ! », et je signe des autographes. J'ai une image gentille malgré mon côté bombe sexy. On me parle du Crazy, j'en suis encore l'emblème. Désolée, la Famille...

★

La vie, c'est un grand théâtre, il faut s'amuser, être plusieurs personnages à la fois.

En moi, coexistent la bonne vivante, simple, à l'imagination débordante, qui traîne en jogging et parle aux animaux, introvertie, extrêmement sensible, romantique, contemplative, pratiquement d'une autre époque, et le lutin hypersophistiqué qui, habillé de façon démente, va jouer la bimbo, danser en imitant Marilyn debout sur une table. Exhibitionniste, artiste, un explosif avec une mèche qui attend une flamme. Je suis multiple et mes deux personnalités sont toujours en lutte.

Mais malgré cette dualité, je ne suis en rien torturée.

★

Je passe ma vie dans les restaurants et les bars. Notamment avec Jackie Ménaguin, adorable amie qui dirige une troupe de danseuses, et José, son mari. Nous adorons, deux ou trois fois par semaine, dîner dans Paris. Et croyez-moi je me gave : je mange de tout, je bois de tout. Je brûle les calories, ayant vraiment la chance de garder la ligne. Je remercie Dieu de m'avoir donné ce métabolisme. Bien sûr aux périodes de réveillons je prends deux ou trois kilos, mais j'ai le temps et le courage d'aller à la salle de sport pour les perdre. Je fais du tapis roulant, de la natation. Lorsque je me mets en maillot de bain je supporte encore la comparaison avec les jeunes filles. C'est en tout cas ce qu'affirme le jeune moniteur qui s'extasie sur mes muscles. Ceux de la sauvageonne, je les ai gardés, c'est mon capital.

J'aime la beauté. Tout ce qui est laid, je refuse de le voir, seules les belles choses et les belles gens m'attirent.

Une de mes grand-mères ayant du sang nordique, l'autre espagnol, c'est peut-être ce mélange de glace et de feu qui me donne ce goût de la fiesta. L'Étoile, dont le directeur est Tony Gomez – merveilleux homme – nous accueille régulièrement avec amour et générosité. Toutes les stars s'y retrouvent, y compris les petits de la Star Academy puisque la boîte appartient à Gérard Louvin de TF1. On s'éclate, on boit, on danse, on s'habille dans des tenues délirantes signées Paco Rabanne. Je suis reçue partout de manière sympathique, les jeunes gens me font la cour. Je suis même devenue la muse d'un petit clan homosexuel. Très attentifs à mon bien-être, ils me tirent la chaise lorsqu'on s'attable, courent chercher mon manteau ou la voiture, font preuve d'une courtoisie que les hommes hétéros n'ont plus. Lors de mes galas en discothèque, que ce soit à Paris ou en province, les gays m'ont toujours adorée, idolâtrée même. Évidemment, je ne peux pas refaire ma vie avec un gay mais cet univers-là ressemble à une sorte de refuge où je trouve tendresse et amour. Ce qu'aucun hétéro ne me donne.

Même si, naturellement, j'ai mûri, je suis restée très jeune d'esprit. Mes détracteurs – petite méchanceté ordinaire – ont doublé mon âge mais cela n'a pas fait de moi une vieille femme. Je suis encore très joueuse et fêtarde. Je m'entoure de gens qui ont assez d'énergie pour me suivre. J'aime la fête, je suis née pour elle.

*

Mais, en dehors de ces soirées ludiques, je me plais chez moi, sage et romantique, à mener la vie que j'aurais pu avoir en Charente, dans une ferme... sophistiquée, dirons-nous. Avec pour compagnie Nathalie, ma tendre et gentille comptable depuis le décès de mon mari ; fidèle et chaleureuse, elle s'occupe de ma paperasse. Avec aussi Paméla, qui fait le ménage, mes repas et se met en quatre pour moi depuis très longtemps. Avec bien sûr mon trésor, ma boule d'amour : Roudoudou, un petit yorkshire de 2,5 kg, une star, une petite sculpture, la joie de ma vie. Il m'accorde tout ce qu'un humain ne peut m'offrir. Une bête peut vous donner autant d'amour qu'une personne, sinon plus. Je comprends Brigitte Bardot, qui défend les animaux. Le monde animal est un refuge.

★

Même si les êtres de qualité sont rares, j'ai récemment noué amitié avec une belle personne, Nicole Calfan, comédienne de théâtre et femme élégante. J'ai découvert aussi Jean-Marc, son mari. D'ailleurs c'est grâce à elle que je fais ce livre puisqu'elle m'a présenté à mon éditeur, qui publie aussi ses romans.

Un soir, il y a bien longtemps, Alain Bernardin avait donné un grand dîner dans l'appartement de l'avenue Montaigne, organisé par Yanou Collard, alors en charge de la presse du Crazy. Elle avait fait venir des stars françaises et américaines et m'avait présenté une jeune comédienne, Nicole Calfan, que j'avais trouvée charmante. Hélas, je ne l'avais plus revue, à mon grand regret. Le destin a bien fait les choses puisque maintenant nous nous rencontrons régulièrement. Nous dînons parfois dans un restaurant très feutré, angelots partout et banquettes rouges. Pour évoquer nos vies mouvementées ce décor de théâtre convient parfaitement. Avec elle, nous nous retrouvons près du Trocadéro, autour d'une tasse de thé et de gros pains au chocolat. Toute ma vie j'ai aimé aller dans les cafés l'après-midi et manger d'énormes pâtisseries. J'apprécie toutes les saisons, mais particulièrement l'hiver. On s'emmitoufle dans de grands manteaux pour piapiater entre copines des heures durant, grignoter des douceurs en regardant les gens passer derrière la vitre, plaisanter et rire. Rire, que c'est bon !

C'est ma vie actuelle, je ne me pose pas trop de questions, je profite de l'instant.

*

Si je n'étais pas née dans le Marais poitevin, si je n'avais pas eu cette chance de grandir en liberté dans les forêts comme un animal, j'aurais été une autre personne. J'aurais eu un autre caractère, un autre destin.

C'est nécessaire à mon équilibre : tous les deux ou trois mois je vais me ressourcer à La Rochelle, où je retrouve ma sœur Momo, mes frères JiPé et Michel. Monique me fait des repas pantagruéliques, des massages comme quand j'étais petite. Elle m'emmène dans le marais, respirer les violettes, cueillir des mûres. Tout ce que j'aimais dans ma jeunesse, elle me le fait revivre.

Mes frères habitent dans des fermes. Ils font de grands dîners sur d'immenses tables avec du jambon, des escargots, des huîtres, les bons produits du terroir. Grâce à eux j'ai une base solide, ce sont des gens vrais.

Sans difficulté, je descends dans leur vie mais ne les ai jamais faits monter dans la mienne. Le décalage est énorme, sans doute ne l'apprécieraient-ils pas. C'est à moi de glisser dans leur univers. Au temps de Bernardin, je les avais un peu négligés, tant le rythme était trépidant. Même si je n'avais jamais cessé d'envoyer de l'argent à ma maman, de la gâter, je m'étais un peu éloignée de ma fratrie. Mais l'amour restait : ce sont eux qui m'ont aidée les premiers quand sont arrivés les soucis et la tristesse. Ils m'ont tendu la main lorsque j'ai atteint le fond. Ils sont très importants pour moi. C'est bon de retrouver ce brin de famille, ces gens gais et généreux de la fameuse France dite d'en bas. Ensemble nous rions sans fin. Je tiens à les remercier pour leur amour et leur soutien.

Maman, atteinte de la maladie d'Alzheimer, est morte à soixante-neuf ans, il y a quelques années. Elle n'avait jamais quitté son petit village sauf pour venir dans notre maison de Louveciennes où elle adorait se baigner dans la piscine et voir un spectacle. Nous la taquinions sans cesse. Nous mettions de l'argent dans son porte-monnaie, nous l'emmenions dans les grands magasins, au restaurant. Je la choyais le plus possible mais elle refusait le luxe. Plus jeune, elle aurait peut-être apprécié, car c'était une rigolote qui dévorait la vie, mais cela arrivait trop tard. Elle avait beaucoup travaillé, apparaissait usée malgré sa santé robuste. À cinquante ans elle avait déjà perdu le goût de vivre.

Lorsque je serai très vieille, je pense que je

reviendrai dans ma Charente. J'ai toujours promis aux gens que j'ai aimés, ceux qui seront restés à mes côtés, d'acheter une grande ferme – Peut-être en Vendée d'ailleurs – devant la mer. Chacun aura sa chambre. Tous les déshérités pourront vivre à mes côtés. Nous ferons de grandes parties de cartes devant la cheminée et de longs repas agrémentés de bonnes bouteilles de vin. En somme, je voudrais que la phase finale de mon chemin se déroule auprès de ceux que j'aime pour les réchauffer de mon esprit comme de mon cœur.

Chapitre 21

Les princes

Un prince m'a récemment demandée en mariage. Dîner aux chandelles, champagne millésimé et diamants sur canapé. J'ai refusé. Avec le sourire. Vous me voyez en princesse ? Épouse de Charles d'Angleterre, à la rigueur, histoire de décoincer la reine Élisabeth et son consort de mari et de faire la une des journaux. Mais non, je blague !

Je relate cette anecdote uniquement pour montrer qu'une veuve affriolante reste un objet de désir et subit les assauts des grimpeurs en tous genres. Il lui faut donc du discernement si elle ne veut pas trop souffrir. J'avoue que je me suis parfois laissée tenter. Curiosité, volonté désespérée de croire aux mots et aux regards, espoir romantique de recommencer une nouvelle vie, tout m'a poussée à essayer. J'ai cru pouvoir aimer de nouveau, mais je me suis trompée.

Princes des affaires, princes de la politique ou princes de pacotille, princes de la scène ou princes de la mode, j'en ai rencontré des hommes, couronnés de gloire, de succès ou de mystères. Peu ont fait battre mon cœur. En tout cas, à les fréquenter, j'ai beaucoup appris et, au final, j'ai bien ri. Que toutes les célébrités mariées – de la politique, du cinéma ou de la chanson – qui m'ont fait des propositions plus ou moins honnêtes soient rassurées : je ne dévoilerai pas leurs noms. Non par respect pour eux, mais pour leurs charmantes épouses, mes sœurs de larmes.

*

Lorsque l'une de mes amies s'est séparée de son mari, qui avait fait fortune dans les lunettes, elle m'a souvent invitée à dîner chez elle, dans son superbe appartement non loin de celui d'Alain Delon. Un jour elle m'a fait cette proposition singulière :

— Écoute, depuis le décès de ton mari tu es seule. Puisque je ne suis plus avec le mien et qu'il est seul lui aussi, je vais vous présenter. On ne sait pas, vous pourriez vous distraire mutuellement...

— Non, je vous ai connus ensemble, je ne veux pas.

— Mais c'est terminé entre nous et je ne veux que son bien. Et le tien. Je vais organiser une rencontre.

J'ai donc accepté un rendez-vous. Lui aussi. Il fallait que tout soit parfait. Nous n'étions pas des enfants de chœur et nous savions comment se conclurait la soirée. J'ai tout organisé. Dans mon bel appartement blanc, j'avais dressé une table élégante avec des chandeliers en cristal. Des fleurs partout, les canapés couverts de coussins, de la musique langoureuse, le décor était propice à l'abandon. Je portais de hauts talons, une robe blanche d'été très longue qui me collait à la peau. Adepte du naturel, j'étais, on s'en doute, nue dessous.

Il est arrivé, caché derrière une grande gerbe de fleurs. Les fleurs me faisant me pâmer, il avait déjà gagné la partie. Le maître d'hôtel nous a chouchoutés, nous avons bu force vin et champagne. Le dîner fut agréable. Les agapes terminées, le majordome a su s'occuper ailleurs. Mon invité m'a renversée sur le sol... Notre étreinte fut très forte, puissante.

L'histoire d'amour fut courte, deux ou trois mois, pas plus. Chaque fois que je voyais cet amant-là, je ne pouvais m'empêcher de me remémorer une anecdote du passé. Des années auparavant, Alain Bernardin et moi avions rencontré fortuitement ce couple sur une plage lointaine. Nous avions causé, fait table commune. Lorsque ce compagnon de voyage impromptu me donna un rendez-vous secret pour le lendemain, sous un cocotier, à 10 heures du matin, je compris très vite qu'il était un coquin. Je ne suis pas allée dans la cocoteraie mais me suis amusée à l'observer s'y rendre d'un pas vaillant. Tout à son désir de voler – ne serait-ce que l'espace d'une courte aventure – l'épouse d'un autre, il négligeait sans vergogne un détail : il était lui aussi marié, qui plus est à mon amie. Et pour moi, les amies sont sacrées et leur mari, je n'y touche pas.

Quand je l'ai fréquenté, il ne m'a pas emmenée en vacances, seulement en week-end, dans sa belle demeure du Midi. Avant que je ne le rejoigne, il m'avait bien prévenue :

— Nous serons nombreux, toute la famille sera là ; il faudra se tasser.

— Dans ce cas je vais à l'hôtel, je n'aime pas déranger.

— Non, non, viens à la maison j'insiste.

Je suis arrivée dans un gynécée familial. Très à l'aise, le soir au dîner, il m'a placée à sa gauche. À sa droite une autre jolie blonde. Laquelle enrageait, à n'en pas douter, que je sois là. Je la sentais sur ses ergots. Au centre, notre roi de la lunette n'en pouvait plus de virilité triomphante. Son petit jeu ne m'a pas échappé : sous la table, il nous faisait du genou simultanément. Que c'était drôle de le voir si important, si heureux ! J'ai bien ri – cinq minutes – et puis j'ai appelé au secours des amis, alors sur un bateau à Porto-Vecchio. Ils sont venus me chercher illico presto et adieu ! Si dans certaines pubs la deuxième paire de lunettes est gratuite, sachez, cher monsieur, que dans le couple la seconde femme n'est pas obligatoire.

À part ce mélange des jambes, je n'avais rien à lui reprocher car je n'avais jamais misé sur lui. Beaucoup trop de choses en effet nous séparaient pour que je sois affectée par ce petit vaudeville. La récente médiatisation de sa dernière histoire d'amour montre en tout cas que ce bel homme est toujours – à plus d'un titre – un spécialiste du double foyer !

⋆

Parallèlement, j'ai toujours eu un grand succès avec les hommes politiques que je rencontrais dans des dîners ou des galas. Ils m'ont beaucoup fait la cour et j'ai accepté des petites idylles avec deux d'entre eux. Historiettes que j'ai trouvées très amusantes, mais je n'en dirai pas plus : secret d'État.

Cependant quelques anecdotes, minuscules et anodines pour les uns, mais grands souvenirs pour moi, me reviennent à l'esprit. Je me rappelle ainsi avoir été invitée avec Alain Bernardin à l'anniversaire de Line Renaud. Nous dînions dans les salons du Fouquet's et les ténors de l'époque étaient là : Jacques Chirac, Alain Juppé, Jean Tibéri. Line et Loulou ont toujours eu de belles fréquentations. Au dessert, quand l'une des convives, Yvette Horner, s'est levée pour jouer de l'accordéon, Jacques Chirac et le baron Empain se sont précipités à ses côtés pour tourner les pages de sa partition sur le pupitre. En réalité pour me zyeuter : j'étais en effet juste en face et je portais une robe d'Azzedine Alaïa au décolleté superbe qui attirait tous les regards. Ces deux grands personnages lorgnaient sur mes appâts sans vergogne et sans se cacher : c'était une fête d'anniversaire, l'esprit était bon enfant. Placidement, Bernadette contemplait la scène.

J'ai revu Jacques Chirac plusieurs fois. Il m'intimidait. Se départit-on jamais de ses complexes ? Dès que je le voyais je redevenais la petite Charentaise tremblante. Accompagnée d'Axel Schmitt, mon attaché de presse, je m'étais un jour rendue à un grand gala chez Ledoyen, tenu par Régine à l'époque. Cornaqué par la scène de la nuit, Chirac m'a repérée dans la foule et a foncé sur moi. Il est vrai que j'étais spectaculaire, toute de cuir habillée par Jean-Claude Jitrois. À la vue du candidat à l'élection présidentielle s'approchant de moi, je me suis ramollie. Sa cuirasse ne lui servant plus à rien, l'amazone a cédé le pas à la petite fille de la Grève-sur-Mignon. Je me suis collée au mur, les mains bien cachées derrière le dos, dans l'espoir de décourager Chirac. Peine perdue, sourire jovial aux lèvres, il était déjà sur moi. Voyant ma gêne, Axel, très drôle, claironne :

— Coco, serre la main de M. Chirac, sinon il va croire que tu es pour Mitterrand.

Tout le monde s'est esclaffé, sauf moi, toujours pétrifiée, qui n'ai pas saisi la main tendue. Par jeu, Chirac est reparti mais a fait demi-tour et est revenu à moi, toujours collé par Régine – qui devait être bien fatiguée à la fin de la soirée. Il m'a retendu la dextre et cette fois je l'ai serrée.

« Nous avons un cocktail, tu t'habilles très sage ce soir », me dit Denis Goise, un jour de 1995. Je revêts un grand manteau bleu marine d'Alaïa, encore lui, avec un petit col blanc. Je m'attendais à une banale soirée, mais en arrivant dans ce grand salon d'hôtel, je tombe sur Claude Chirac. Je m'en étonne auprès de Denis :

— Tiens, la fille de Chirac sort dans les cocktails, ce n'est pas son genre.

— C'est rien, ma fille, c'est rien, me répond Denis.

La salle immense était remplie d'hommes en costume cravate, bras derrière le dos, impressionnants de sérieux. Ces invités étaient des maires, je l'apprendrai plus tard. À mon arrivée tous les regards se sont braqués sur moi. La charge de testostérone étant bien trop lourde pour mes frêles épaules, je me suis précipitée au buffet, histoire de me donner une contenance.

— Vite, garçon, une coupe de champagne !

Mais les serveurs restent au garde-à-vous. Je m'agace un peu :

— Qu'est-ce qu'on attend pour boire un coup ?

À ce moment les battants de la porte s'écartent, Jacques Chirac entre, entouré de caméras, de micros et d'une foule de journalistes. J'entends quelqu'un me dire :

— Ne bougez pas, M. Chirac va venir près de vous.

Je bredouille :

— Mais non, je suis une petite Charentaise ; il ne sait pas qui je suis ; pourquoi viendrait-il me voir ?

Mais il est déjà sur moi, me baise la main, me parle courtoisement. Toute la presse a immortalisé ce pur instant de campagne électorale. Emballée, j'ai fait avec Denis tous les meetings de la campagne. Le soir de l'élection de 1995, j'étais d'ailleurs avec Juppé. Et même au balcon en train d'agiter mes mains avec Bernadette et Claude Chirac pour saluer la victoire de notre héros.

*

J'ai rencontré Bernard Pons dans un restaurant, alors qu'il était ministre des Transports. Charmant, élégant, il nous invite, Denis et moi, à venir déjeuner au ministère, honneur qui ne se refuse pas. Au cours du déjeuner, au vu de mon solide coup de fourchette, le ministre dit :

— Je vois bien Lova Moor devenir l'ambassadrice de la gastronomie française à l'étranger, ce serait formidable. Il faut aller prospecter les restaurants parisiens. Vous allez nous amener de la presse.

— N'importe quelle presse ?

— Oui, oui.

J'en ai parlé à un peu tout le monde y compris à mes copains – quelle imprudence ! – de la presse à scandale. Laquelle a fait ses choux gras de la petite information avec force gros titres, dont celui-ci : « Un ministre dans la vie de Lova Moor. » Terriblement ambigu, n'est-ce pas ? Lorsqu'on se donne la peine de lire le contenu de l'article, on n'y trouve aucune information scandaleuse, ce que tous les lecteurs savent sans s'en formaliser. Mais quand on est ministre et peu coutumier de cette presse, on peut être choqué, je le conçois. Pourtant, je ne m'attendais pas, aussitôt après la parution, à être réveillée par un huissier de justice : j'étais sommée de cesser immédiatement de perturber la République française par mes révélations équivoques.

La République est bonne fille, mais elle a parfois du temps à perdre. Mes rapports avec la politique se sont arrêtés là. J'aime trop vivre dans la paix et la sérénité.

⋆

Depuis cette mésaventure j'essaie d'être moins confiante mais je continue à courir les mondanités parisiennes. Généralement avec Rosie, « Rosita », une très jolie brune de 27 ans, et Yannick, son mari. Ou alors avec Denis Goise et David, qui m'a aidée à lancer le parfum « Lova Moor de Paris ». Un soir, nous allons souhaiter son anniversaire à Eddy Barclay, au VIP. Dans la boîte de Jean Roch, nous faisons la connaissance d'un homme élégant, des plus charmants, prénommé Charles-Henri. Sur sa carte de visite des armoiries et un château, qui ajoutent à sa classe naturelle.

— Voilà un homme pour toi, m'assure Rosie.

Captivés par la conversation de notre nouvel ami, nous acceptons de le revoir le lendemain. Il vient nous chercher en Rolls, nous emmène chez Régine, nous offre à dîner. Champagne à gogo. Le jour suivant, il revient en... Ferrari. Dîner et boîte de nuit encore. Ce manège dure ainsi pendant trois semaines. Ce Charles-Henri commençait à bien nous plaire lorsque soudain il disparut de la circulation. Du jour au lendemain, plus de nouvelles. Volatilisé l'homme au portefeuille bien garni et aux voitures rutilantes. Intrigués, nous menons notre petite enquête et découvrons que le richissime Charles-Henri était en fait entretenu par son épouse. Lassée de le voir dilapider avec d'autres sa fortune, la dame avait coupé les vivres au prince de pacotille. Exit Charles-Henri. La jet-set se passera de lui, mais nous avons beaucoup ri de cette aventure ! Nous y repensons chaque fois que nous rencontrons un de ces personnages bidons qui, épisodiquement, traversent le monde de la nuit.

★

Je vais raconter aussi une petite histoire qui m'est arrivée avec Johnny.

Thierry Ardisson m'ayant demandé de participer à une de ses émissions, j'avais accepté sans hésiter car l'enregistrement se passait à Saint-Tropez, mon coin de paradis, en automne. J'étais accompagnée de mes deux inséparables, Axel Schmitt, encore mon attaché de presse, et Catum, ma copine, la complice de chaque instant, mon « garde du corps » au féminin. Nous logions au Byblos, comme d'habitude. Johnny, qui habitait Saint-Tropez à ce moment-là, voulait qu'on s'installe chez lui, à la Lorada, mais j'avais refusé :

— J'aime trop ma liberté, Johnny. Au Byblos, je fais ce que je veux. Inutile que nous allions te déranger.

Johnny, je le connais depuis des années, j'ai l'impression que c'est un ami d'enfance. Dans ma période nuits en discothèque, il m'avait même donné de nombreux rendez-vous. Je n'en avais jamais accepté aucun, connaissant trop bien le phénomène. Ç'aurait été l'histoire d'une nuit, et cela n'était pas mon genre du tout. À l'époque de ses deux mariages consécutifs avec Adeline, ils venaient souvent me voir au Crazy. Adeline adorait le spectacle et elle m'aimait bien, elle m'invitait souvent à des fêtes chez eux. Là, ils étaient séparés et Johnny devait se sentir seul, avoir envie de parler. Il a donc insisté. Nous avons accepté d'aller boire un verre dans sa jolie maison et nous sommes restés dîner. Johnny a voulu me faire visiter la demeure pour me convaincre de m'y installer. Catum et Axel, qui venait de se faire mordre par un chien, sont restés, eux, au bord de la piscine.

Est-ce l'effet des nombreux verres de rosé que nous avions descendus pendant toute la soirée ? Je l'ignore mais je me suis retrouvée dans les bras du chanteur. C'était un très bel homme et il n'était pas désagréable d'être remarquée par lui. Pourtant, voilà au moins dix ans qu'on se cherchait. Pas de doute : le rosé provençal est vraiment diabolique. Toujours est-il que nous avons partagé des instants de belle complicité à jamais ancrés dans ma mémoire. Ayant vu mon clip « Et je danse » et l'ayant apprécié, il m'a même demandé de marcher de la même manière. J'ai donc sensuellement ondulé des hanches... à notre plus grand plaisir ! C'était son unique, petit et bien sage fantasme.

Mais comme, depuis mon mariage, je ne faisais – à part Delon – jamais d'incartades, là j'ai su que je ne devais pas aller plus loin et choisis de rester amie avec le beau Johnny, ne voulant pas prendre le risque de faire de la peine à mon époux.

— Voilà tu es chez toi, prends la voiture, la maison, tout, m'a-t-il dit, généreux, en me donnant ses clefs.

Je lui ai montré la jolie Catum :

— Avec elle tu peux te faire une jolie love story, vous êtes libres tous les deux.

Je ne sais pas s'ils l'ont fait, mais on s'est amusés comme des enfants pendant tout le séjour, sur la plage, en bateau, aidés dans nos délires par le même petit rosé bien frais.

Nous avons tout de même bossé un peu et l'enregistrement de l'émission d'Ardisson sur la plage s'est bien passé. En guise de cadeau d'adieu avant notre retour à Paris, Johnny nous a proposé un tour en mer. Nous avons tous embarqué. Un peu las, Johnny voulait que nous allions sur le pont arrière.

— Viens te faire bronzer, Lova.

J'y suis allée dix minutes mais je me sentais nerveuse. Nous étions tout de même à Saint-Tropez, et même en automne les paparazzi maraudaient. « Méfie-toi », semblait me dire mon ange. Redoutant de me faire piéger, je pensais à la réputation de mon mari, j'ai donc laissé ma place à Catum et me suis cachée dans la cabine au prétexte de me protéger du vent. J'ai bien fait. Quelques jours après, *France Dimanche* sortait, avec une couverture abracadabrante, sur une nouvelle fille dans la vie de Johnny. Je ne me souviens plus du titre mais ce n'était heureusement pas moi qu'on voyait sur les photos, mais ma copine. De moi apparaissait juste une mèche de cheveux qui entrait dans le cadre sous l'effet d'un courant d'air. Je l'ai échappé belle, Alain n'aurait pas apprécié que j'aie une amourette avec Johnny et encore moins qu'elle s'étale à la une de la presse.

Johnny est venu à l'enterrement de mon mari, me jurant que je pourrais compter sur lui en toutes circonstances, mais le temps nous a éloignés. Ce n'est pas grave, je l'admire, je l'adore et s'il a des caprices de star, comment lui en vouloir ? C'est un immense artiste.

Un soir de concert, pourtant, je me suis vexée lorsque Jean-Claude Camus, son producteur, m'a empêchée d'aller le voir dans sa loge. C'était la première fois que je me faisais refouler depuis que je connaissais le chanteur. Têtue comme une mule, je suis parvenue à franchir le barrage et suis allée saluer le beau Jojo. Aussitôt rentrée à la maison, j'ai écrit à Johnny pour me plaindre du « méchant » producteur. Avait-il donné des consignes pour me barrer l'accès à sa loge ? Si oui, il fallait qu'on s'explique et vite. Je n'ai jamais reçu de réponse.

Quelques mois plus tard, Jean-Claude Camus, le « méchant producteur », m'a appelée et nous avons ri de tout cela. Les grands font toujours machine arrière lorsqu'ils commettent une petite bévue.

Récemment, au Bar de l'Hôtel Plaza où je vais

très souvent prendre le thé, un adorable jeune homme tout mignon est venu me voir. C'était David, un ange. Le fils de Johnny m'a spontanément embrassée sur les deux joues. Savait-il seulement qui j'étais ?

★

En attendant que se finalise la lente succession d'Alain Bernardin, il me fallait bien manger. Mon fidèle Denis Goise est venu un jour avec la solution :

— Lova, il va falloir refaire un disque et un peu de télé.

— Tu sais très bien que pour enregistrer il faut de l'argent et je n'ai pas les moyens.

— Je vais t'envoyer voir un ami compositeur qui va t'aider.

— Tu crois ?

— Oui, tu dois exister professionnellement, je vais t'organiser une rencontre.

J'ai accepté. Et j'ai eu rendez-vous un après midi dans un superbe immeuble. Vers 15 heures j'ai sonné et on m'a fait monter au premier. Une dame m'a accompagnée dans un beau salon, meublé de canapés immaculés. Au mur, de grandes photos du maître de céans. Un très beau garçon est entré, vêtu d'un jogging blanc, très angélique. J'ai trouvé que c'était un rayon de soleil : tout souriant, tout mignon, tout blond, bronzé, le parolier m'a offert un café.

On se croisait depuis au moins dix ans, lui et moi, lors de mes tournées du week-end en province et il m'avait toujours fait gentiment la cour, sans que j'y prête attention. Même si des bruits avaient couru à un moment sur une pseudo-relation avec lui, ces ragots étaient absolument faux. Certes, nous nous étions retrouvés parfois au même endroit puisque nous faisions des galas, mais il s'agissait de programmation et non de rendez-vous arrangés.

— Denis m'envoie, il pense que tu aimerais peut-être m'aider à faire un disque.

L'artiste au visage charmeur s'est approché de moi et m'a proposé un café. Il a posé sa main sur la mienne, je l'ai laissé faire. Comme un petit garçon timide il est venu plus près et m'a volé un baiser sur la bouche. Je me suis levée, il m'a serrée dans ses bras. J'étais très mince, la poitrine en avant, serrée dans une robe moulante marron.

— Mon Dieu, tu n'as rien dessous ! s'esclaffa-t-il, soudain bouleversé.

— Toutes les danseuses et tous les mannequins font la même chose. Et maintenant les bourgeoises s'y mettent aussi.

Il a oublié le café.

— Viens, je fais te faire visiter la maison. J'aime les tableaux, je vais te les montrer.

Intérieurement, je suis impressionnée et me dis :

« Tiens, voilà un garçon intelligent. Bien qu'il soit artiste, il a su faire des placements », ne pensant même pas : « Je parie qu'il va me montrer en premier le nu qui est dans sa chambre à coucher. » En fait, j'aurais dû.

Une émotion est née au cours de cette première rencontre. J'ai perçu une personne très douce, très tendre. Et après un an de veuvage, j'avais l'impression d'avoir rencontré le Petit Prince. De retour dans le salon pour le café proposé quelques heures plus tôt, il me regarda avec ses yeux de chat très étirés vers les tempes et me dit :

— On va faire ce disque ensemble.

Nous avons commencé à travailler et tous les après-midi je venais chez lui. Nos regards câlins faisaient monter la fièvre. Nous nous sommes vus tous les jours, week-end compris. Le disque n'avançait pas rapidement... mais je vivais les prémices d'une histoire d'amour et j'étais fascinée. Une vraie passion commençait.

*

Les jours passaient, je faisais des va-et-vient entre mon appartement et le sien, pas très loin l'un de l'autre. Le matin, il courait chez le fleuriste et me réveillait en me jetant des brassées de roses rouges. J'étais folle de bonheur. Il m'a aussi acheté un énorme cœur en diamant et me l'a accroché autour du cou sous une volée de baisers tendres.

N'était-ce pas fabuleux ? Dès qu'il pouvait m'offrir un cadeau, il le faisait. Il m'emmenait au restaurant, en week-end, en vacances. Nous avons eu une première année merveilleuse.

Hélas, le rêve s'est peu à peu brisé. Quelque chose avait changé. Coïncidence ? Il avait commencé à travailler avec une autre femme. Je la considérais comme insignifiante mais peut-être pas lui. Les difficultés se sont accumulées. Je pense qu'il ne devait plus avoir trop de satisfactions professionnelles et en souffrait. De mon côté, en revanche, la vie allait de mieux en mieux : j'avais commencé la publicité pour Sport Elec et je me rétablissais financièrement. Ma nouvelle réussite le gênait-elle ? Toujours est-il qu'il commençait à s'aigrir. Au réveil, il ne me couvrait plus de fleurs mais de paroles amères.

D'une certaine manière, à cette époque-là, j'ai découvert ce qu'était le machisme, alors que j'aurais préféré continuer à ignorer que certains hommes tiennent la femme dans l'irrespect.

Pleine de bleus à l'âme, j'ai décidé de partir vers un autre avenir.

*

En tout cas, cette aventure m'a confirmé que personne ne me fera jamais oublier Alain Bernardin. Qu'aucun des hommes rencontrés depuis sa mort ne lui parvenait à la cheville. Quand on a mangé du caviar, il est difficile de se remettre aux œufs de lump.

Pourtant une femme ne peut vivre sans contacts masculins. Une fois ôtés les goujats que reste-t-il ? J'aime les hommes intelligents, galants, courtois, qui prêtent une vraie attention aux femmes. Beaucoup d'homosexuels répondant à ces critères, je m'en fais des amis. J'adore leur raffinement, leur élégance. Ils font la cour sans équivoque. Quand on sort avec eux, ils vous prennent le bras, ouvrent les portes, ne sont jamais grossiers, jamais machos. La classe que j'ai toujours recherchée chez les hommes, les gays l'ont. En plus de cela, ils possèdent un humour fou et s'ils ont parfois la dent dure c'est qu'ils sont hypersensibles.

*

Depuis quelques années je vis une jolie histoire avec Lloyd Klein, un couturier très dynamique de trente-six ans, ancien élève de Mme Grès, son fils spirituel même. Je l'ai connu lors du défilé organisé pour le lancement de mon parfum « Lova Moor de Paris » ; il avait eu la générosité de financer une soirée aux Bains Douches. Il m'avait habillée dans une tenue remarquable, une grande cape haute couture. Tous les invités étaient assis à attendre le début de la fête et j'étais entrée en chantant : « J'ai deux amours, mon parfum c'est

Lova Moor, Lova Moor de Paris », sur l'air célébrissime de Joséphine Baker. J'avais fait un tabac.

Depuis, Lloyd Klein s'est installé aux États-Unis où il est devenu un grand, habillant des personnalités comme Madonna, Ivana Trump, Paula Abdul... Sa réussite est exceptionnelle, il a fait fortune, il voyage sans arrêt entre New York, Los Angeles et Miami et possède des maisons dans toutes ces villes.

Il est devenu un ami extraordinaire, un amour platonique. Chaque fois qu'il vient à Paris nous profitons de la vie ensemble. Il m'envoie son chauffeur et sa limousine et nous allons de cocktail en cocktail. Je porte ses somptueuses créations, vivant le pur bonheur d'être élégante grâce à son talent.

Lorsque j'avais Bernardin à mon bras j'étais reçue avec le plus grand respect. Depuis sa disparition, tout en étant encore accueillie partout, je voyais bien que mon image semblait moins flatteuse. Quand on arrive en taxi avec une copine, cela manque de glamour. Mais j'ai pu vérifier en sortant avec le fastueux Lloyd Klein que le tapis rouge se déroule de nouveau. Parisianisme rime avec snobisme. Descendre d'une limousine accompagnée d'un bel homme vous fait aussitôt grimper au plus haut de l'échelle des vanités.

Lloyd me fait livrer des bouquets de fleurs de chez Lachaume, m'emmène dîner dans les meilleurs restaurants. Caviar, champagne. Le luxe, toujours et encore. Je dois avoir un ange gardien qui veille à ce que je sois comblée de raffinements. À la lueur des bougies, il me fait des déclarations d'amour merveilleuses. Homme galant s'il en est, spirituel, il m'apporte joie et bonheur. Mais ensemble, nous n'avons jamais consommé autre chose que ces nourritures terrestres.

— Je t'aime, je t'aime, ne cesse-t-il de me répéter.

— Je ne veux plus me brûler les ailes, restons amis, dis-je, sempiternellement, persuadée que si elle reste platonique, cette histoire sera plus solide que les amours charnelles.

Toujours est-il que Lloyd veut m'emmener vivre dans ses maisons américaines. J'ai bien le projet de partir aux États-Unis avec lui mais pour travailler : faire un défilé avec des danseuses, dans un premier temps, puis lancer ma marque.

Mais peut-être mon Lloyd est-il le prince charmant que, depuis longtemps, j'espérais rencontrer. Peut-être est-il mon chevalier blanc, celui qui saura me faire oublier les amours médiocres. Il a déjà demandé ma main. Pour l'instant j'ai refusé, mais je pense que c'est Bernardin qui, de là-haut, a dirigé ce joli prince sur mon chemin.

Chapitre 22

La paix

C'est en effet une sensation bizarre : comme ci Alain était revenu dans mon espace pour me protéger. Des bras invisibles m'enserrent, m'abritent. J'ai retrouvé paix et gaieté. Les trois années qui ont suivi sa mort, je ne sentais plus d'ondes positives autour de moi, je n'ai plus rêvé de lui, il n'y avait que le vide. Mais là, un nouveau bien-être m'enveloppe. Sa « présence » m'apaise.

Espérant l'oublier plus vite, je n'ai pas voulu de souvenirs. Il n'y a pas une photo de lui, de nous, dans cet appartement. Mauvais calcul : il est encore tellement présent dans ma pensée que j'ai l'impression de n'avoir pas terminé mon deuil. La douleur est vivace.

Il me manque bien sûr, tout le temps. Notre vie était tellement riche. Il était un moteur. C'est lui qui créait l'animation, la joie de mon corps, de mon cerveau et de mon cœur. Nous n'étions qu'une personne. Il m'avait tellement façonnée à son image que je fonctionnais comme lui, devenant presque son double. J'ai toujours pensé que nous avions réussi tous les deux. Cet homme très cultivé, qui s'exprimait d'une manière sophistiquée, exigeait que j'en fasse autant. Je parlais donc comme lui, avec ses mots un peu précieux, et aujourd'hui je me relâche, m'exprime plus normalement. Certes, Alain m'avait fait perdre beaucoup de sensibilité, la jeune fille extrêmement douce était devenue, à son contact, monstrueuse, mais maintenant ma sensibilité est revenue et j'éprouve de nouveau des sensations communes. Bien sûr, j'ai toujours été gentille et généreuse avec tout le monde, humaine, pas prétentieuse, mais dans mon paradis, la vraie vie ressemblait à une étrangère sans passeport, restait hors les murs. Enfermée dans ma bulle de luxe et de richesse, j'étais bien. Tout était possible. Pourtant ce n'était pas la vérité : je baignais dans l'irréel et refusais de le voir. Progressivement, au fil des mois, des années, je redeviens moi-même. Il m'a fallu du temps.

Je mène désormais une vie de célibataire. J'ai toujours des hommes à mes pieds mais j'aime la liberté, l'impression d'avoir retrouvé la légèreté de mes dix-huit ans. Je lis, j'écoute de la musique, bois de grands bols de thé fumant auprès de la cheminée, regarde beaucoup de films qui chassent l'angoisse qui m'étreint quand la nuit tombe. J'adore me balader en baskets et jogging, aller au marché, acheter mes fleurs, bref vivre au jour le jour. J'attends quand même un dernier grand amour. Mais... comme je fais toujours la comparaison cela ne va jamais. À mes yeux, tous les hommes sont petits à côté d'Alain Bernardin. Et s'il m'arrive une aventure, j'ai l'impression de faire quelque chose de pas bien. Réaction d'enfant qui a commis un péché véniel, je me sens coupable et me dis qu'Alain ne serait pas content... Quand je fais du shopping, j'ai encore le même réflexe : « Vite, il faut que je rentre, Alain va m'attendre. » Cette pensée ne passe pas. Alors, sortir sereinement avec un autre homme...

Sentimentalement, j'ai été comblée par mes deux amours extraordinaires, les hommes les plus courtois, les plus intelligents que j'aie jamais connus. À la première place, se trouve Alain Bernardin, mon mari. À la seconde, Alain Delon, ma passion.

Bernardin c'était l'amour, la générosité de cœur, la protection morale et financière, la sécurité, la culture. Le père Noël qui me couvrait de bijoux et de fleurs, pour qui aucun présent n'était trop beau pour moi.

Delon c'était la folie des corps, la beauté, l'amour, la fidélité, le sens des vraies valeurs : la morale et l'amitié. C'est un homme qui m'a beaucoup influencée. Moins qu'Alain Bernardin, mais certaines choses de lui me restent collées à la peau. Delon m'avait autrefois offert un bijou sublime que j'ai depuis caché dans un coffre pour avoir le plaisir de l'en sortir. Et lorsque je le caresse, je repense à tous nos merveilleux moments, baignés de beauté. Delon fera toujours partie de ma vie, il est de ma famille. Les gens de votre famille ne sont-ils pas à vie dans votre vie ?

Jamais deux sans trois, dit-on. Je pense – j'espère – qu'il y aura un troisième homme. S'il survient, il devra être parfait. Et s'il l'est et qu'il me plaît, qu'il sache qu'aucun prince, aucun seigneur quel qu'il soit, ne pourra m'emporter sur son cheval blanc puisque je veux garder ma liberté à tout prix.

Je ne désire plus me prendre la tête pour rien, je souhaite vivre dans la sérénité. Je ne veux rencontrer que des personnes positives, fuir les compliquées, celles qui n'ont pas fait la paix avec elles-mêmes. Je vais croquer la vie à belles dents, donner du temps aux choses simples comme voyager, marcher, rencontrer des amis et parler à Roudoudou qui jamais ne m'ennuie ni ne me contredit, lui. Après un parcours si chaotique, la nouvelle Lova est persuadée que beaucoup de choses merveilleuses vont encore lui arriver.

*

Très croyante, cela m'est resté de mon enfance, sans être pratiquante j'aime faire mes prières chez moi et entrer dans une église. Près de mon domicile se trouve une petite chapelle très mignonne. Sur mon trajet lorsque je vais chez le fleuriste, je m'y arrête et y entre pour voir. À l'intérieur, sans prier, sans rien, je suis bien, une paix m'envahit. J'aime croire à quelque chose de supérieur, à Dieu.

Même si, dans les cas graves, je peux redevenir un fauve, j'essaie toujours de suivre le précepte divin « Aime ton prochain ». À propos de la Famille, je tiens à dire que ma haine est partie, qu'au final je ne lui en veux pas, sachant tourner les pages. Ma personnalité est ma force ; je n'ai besoin de personne pour vivre. Pascal et sa femme, la belle et intelligente Catherine, ont marié leur fils Arthur qu'évidemment j'avais connu petit. Ils m'ont invitée au mariage, geste qui m'a beaucoup touchée et j'ai voulu leur faire honneur. J'y suis allée dans ma plus belle tenue, avec ma plus belle voiture. J'ai revu tout le monde. Si je n'ai pas senti une grande tendresse chez tous, j'ai souhaité montrer par ma présence que la haine n'était plus dans mon camp. Arthur, Alfred et Romain Bernardin, les petits-enfants d'Alain, m'ont témoigné beaucoup d'amour. « Les parents ont été vaches avec toi », m'a même dit l'un d'eux. Je l'ai embrassé et l'ai assuré que tout était oublié. Qu'ils sachent que le temps atténue les passions même s'il ne referme pas les plaies trop souvent rouvertes.

Toute cette saga, en vérité, je l'ai gommée, oubliée. Pour ce livre j'ai refait le parcours de ma vie avec mon cœur, ma sincérité, ma vérité. De tout ce qui m'est arrivé, même si j'ai éprouvé des douleurs et des souffrances, je ne souhaite plus penser qu'aux moments merveilleux. Si je devais refaire ma vie, je la recommencerais à l'identique. Je suis venue de très bas et un petit ange m'a toujours guidée. J'ai rencontré des gens merveilleux, importants, qui m'ont aidée. Les méchancetés des autres, les coups de poignards, je pardonne. Je ne suis pas pour la guerre. Je n'en veux à personne, mes téléphones et ma porte sont ouverts.

Aujourd'hui, je suis redevenue heureuse de vivre. Pour moi, le soleil brille.

Épilogue

Attendez, ce n'est pas fini, ce n'est jamais fini...

Le printemps arrive, les arbres reverdissent, timidement car le vent est encore frisquet, et quelques langoureux tourbillons plus doux me font rêver à l'été, à la campagne, à mes forêts. Vite ! sortir de cet hiver interminable. J'ai besoin de m'ébrouer, j'ai envie de soleil et de bonheur.

Et il arrive, ce bonheur.

On m'a demandé de faire une chorégraphie pour une scène dans un téléfilm, mais j'ai envoyé une amie à ma place. Moi, danseuse qui n'aime rien tant que ce travail, je ne désirais pas m'aventurer sur ce tournage. J'avais mes pudeurs : en effet, l'interprète de Frank Riva, le héros des trois téléfilms en question (qui seront diffusés par France Télévisions), c'est M. Alain Delon en personne.

Vous le savez maintenant, tout au long de mon histoire avec *LE* prince charmant, je suis toujours restée en retrait. Disponible, enthousiaste, amoureuse mais attendant son bon vouloir, pour ne pas déranger. Depuis quelques années, *Linlin* avait quelque peu oublié *Toche*.

Or la vie avance. Les gens que l'on aime sont là, bien au chaud dans votre cœur, pour toujours. On n'a pas le temps de les voir, pas forcément envie non plus, mais on pense à eux sans même s'en rendre compte. La mémoire fait son job : un souvenir – toujours un bon – vous revient, un sourire se dessine sur vos lèvres et vous vaquez à vos activités quotidiennes le cœur plus léger.

Et puis, par hasard, j'ai rencontré Alain dans un restaurant ; il dînait avec ses enfants, moi avec une amie. Nous avons communiqué par SMS. Plus tard, je lui ai fait porter un exemplaire du manuscrit de ce livre. J'étais impatiente de connaître sa réaction. Un peu anxieuse, aussi... Il allait découvrir mon jardin secret, mes sentiments pour lui, tout ce que je lui avais caché.

Très vite, Alain m'a rappelée...

Il était gai. Ce plongeon dans ma vie intime l'avait touché. Il me l'a dit, longuement. Il m'a rappelé des anecdotes que j'avais oubliées. Par exemple, que lorsque nous nous sommes couchés dans le jardin public sur le pauvre clochard, c'était près du Palais de la Découverte, à l'angle de l'avenue Franklin-Roosevelt et du cours de la Reine. Bien sûr nous avons fui en riant quand le clochard s'est réveillé, mais pour aller à deux pas puisque nos ébats se sont poursuivis à quelques mètres. Lui s'en souvenait, pas moi. C'est encore plus drôle comme cela, pourtant.

Avec allégresse, il m'a remémoré aussi que j'avais fait l'amour avec Zorro. Prude, Don Diego ? Certainement à l'écran. Mais le bel acteur qui l'incarnait était, sous sa cape, très vigoureux. Aussitôt sa scène terminée, Alain se précipitait vers moi. De son costume, il gardait le chapeau, les bottes, le masque. Et bien sûr la cape de satin, sous laquelle il était nu, viril et conquérant. Sa somptuosité et sa force me donnaient des frissons de volupté.

Rassurée par sa réaction, j'ai donc osé m'aventurer sur le tournage des téléfilms. Bien sûr, pour soutenir moralement ma copine chorégraphe. Je me suis cachée dans un petit coin, mais Alain m'a aperçue.

— Toche, tu es là, viens près de moi !

Nous avons parlé, parlé, des heures durant. Entre deux scènes, pendant les pauses, il me regardait avec, me semble-t-il, curiosité. Dans son regard, je voyais défiler des cavalcades de nuages, suivies de grands ciels radieux. Toute notre histoire semblait passer en accéléré. Une interrogation persistait, peut-être, sur l'intensité de ce que j'avais éprouvé pour lui, qu'il n'avait fait qu'effleurer...

Alors aujourd'hui je tenais juste à lui dire merci.

Crazy Life

Merci Alain de t'avoir retrouvé ; merci de la douceur de tes mots qui refont souffler une tempête de sentiments dans ma vie ; merci, tout simplement, d'être à nouveau là.

Remerciements

À tous ceux qui sont près de moi et particulièrement :

Monique, Jean-Pierre et Michel, Johanna et Antoine, Linda et Alain, Karine et Marc, Rosie et Yannick, Karine et Hervé, Jean-Luc et Nadia, Annie et Claude, Marie-Hélène, Manon et Ambre, Batti et Stéphanie, Jackie et José, Nathalie, Paméla, Jean-Gilles Halimi, Xavier, Lloyd Klein, Denis Goise, David Lopez, Axel Schmitt, Tony Gomez, Fred, Gérard et Vanessa Louvin, Patrick Sébastien, Nicole Calfan, Catherine Monbrault, Patrick Le Lay, Henry-Jean Servat, Michel Drucker, Denis Terenteau...

Merci aussi à Claude Thomas et aux Follies de Paris de Lille où aura lieu bientôt ma nouvelle revue, Lova Moor de Paris.

À Catherine et Pascal. Arthur, Alfred, Romain Bernardin.

À Jo Lécrivain, qui a donné forme à mon histoire.

Crédits photographiques

Page 1 : © D.R.
Pages 2 et 3 : © Agence de Presse Angeli
© D.R. / © D.R. / © D.R.
Pages 4 et 5 : © D.R. / © D.R. / © D.R.
© D.R.
Pages 6 et 7 : © G. Moreau / Jet-Set
© D.R.
© Jean-Pierre
© D.R.
Pages 8 et 9 : © Eric Robert / VIP CORBIS
© D.R. / © D.R. / © D.R.
Pages 10 et 11 : © Jacques Benaroch / SIPA PRESS
© D.R. / © G. Moreau / Jet-Set
© G. Moreau / Jet-Set / © D.R.
Pages 12 et 13 : © D.R.
© Jean-Pierre
© D.R. / © D.R.
Pages 14 et 15 : © D.R. / © D.R. / © Patrick Roncen
Page 16 : © Eric Robert / VIP CORBIS

Table

Crazy Life

La Paix

Cet ouvrage a été imprimé par

FIRMIN DIDOT

GROUPE CPI

Mesnil-sur-l'Estrée

pour le compte des Éditions Flammarion
en avril 2003

Imprimé en France
Dépôt légal : mai 2003
N° d'édition : FF 842901 - N° d'impression : 63747